via reise

Ulrike Wiebrecht

Costa Brava

zu Fuß erleben

• Von Blanes bis Portbou •

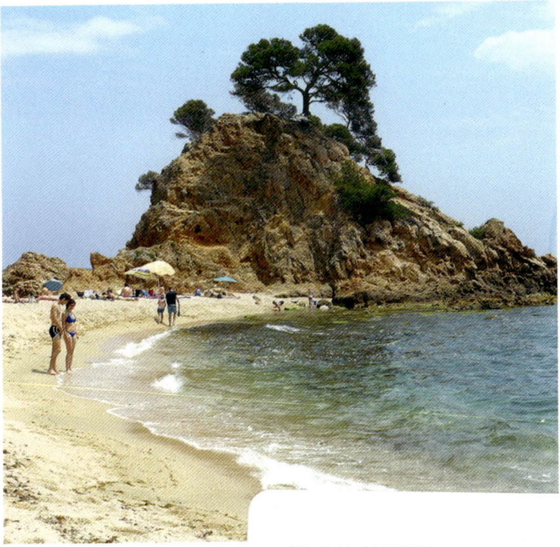

Inhalt

Wandern an der Costa Brava

Etappen

Land & Leute

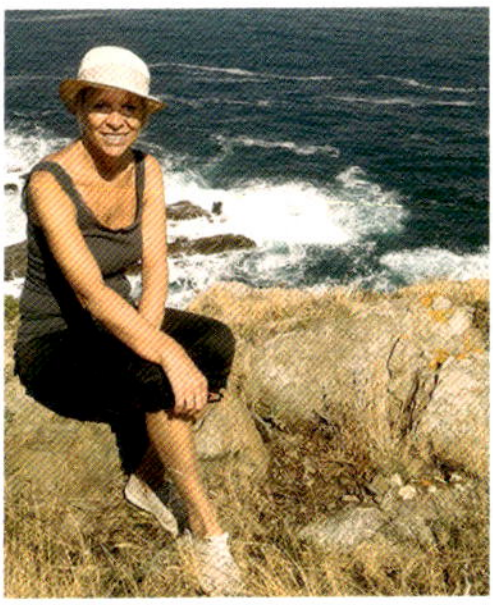

Die Autorin

Ulrike Wiebrecht, Reisejournalistin und Buchautorin in Berlin, ist seit dreißig Jahren regelmäßig an der Costa Brava unterwegs. Neben dem Schwimmen gehört hier das Wandern zu ihren Lieblingsbeschäftigungen, das ihr den wahren Charakter der wilden Küste erst richtig erschlossen hat.

Von Bucht zu Bucht – die wilde Küste zu Fuß erleben

Zerklüftete Steilklippen, umspült von wild schäumenden Wellen; Strände, an denen sich würzig duftende Pinien über den goldgelben Sand beugen; Reihen von weißen Häusern mit blauen Fensterläden und Türen. Und alles in ein so intensives Licht getaucht, dass einem fast schon die Augen wehtun.

Wilde Partys vs. Wilde Küste

Zugegeben, es sind nicht nur diese idyllischen Bilder, die einem zur Costa Brava in den Sinn kommen. Die wilde Küste, wie sie wörtlich übersetzt heißt, steht nicht bei allen im besten Ruf. Viele bringen sie eher mit Partyhochburgen wie Lloret de Mar in Verbindung, die Ziel von Abi-Fahrten und feuchtfröhlichen Junggesellenabschieden sind. Oder mit hässlichen Bettenburgen und verschandelten Stränden. Keine Frage, dergleichen gibt es tatsächlich. Aber das Gute beim Wandern ist, dass man davon herzlich wenig mitbekommt. Man bewegt sich immer ganz nah am Wasser. Und wenn es einem irgendwo nicht gefällt, läuft man eben weiter …

Nah am Wasser gebaut: der Küstenwanderweg Camino (Camí) de Ronda

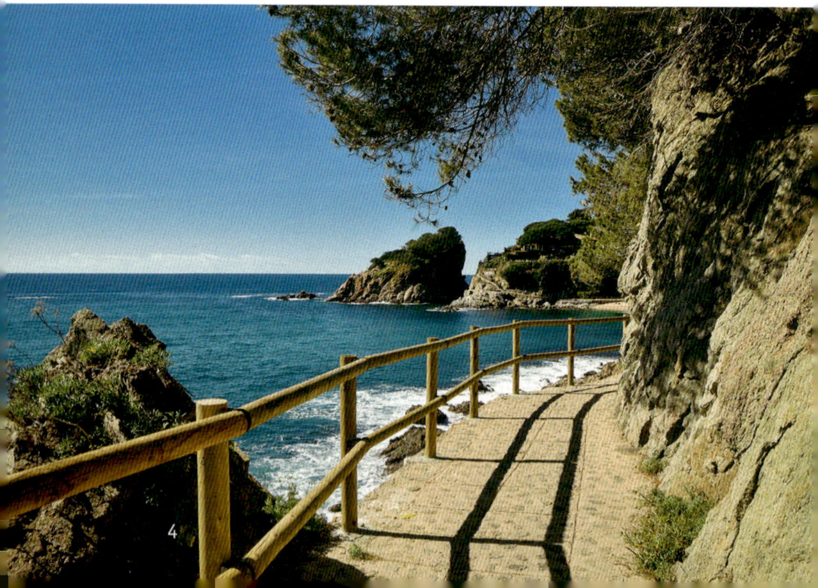

Urlaub genießen

... zum nächsten schönen Strand, zur nächsten Bucht oder zum nächsten Ort, wo eine Bar zu kühlem Weißwein und herzhaftem *Pa amb tomàquet*, Tomatenbrot mit Sardellen oder Ziegenkäse einlädt. Man streift durch Pinienwälder, besucht Botanische Gärten oder Naturschutzgebiete, findet sich in den Gassen mittelalterlicher Dörfer wieder oder gar in den antiken Ruinen von Empúries. Und zwischendurch kann man natürlich immer wieder ein erfrischendes Bad im Mittelmeer nehmen.

Wanderparadies

Für alle, die sich zu Fuß auf den Weg machen wollen, bietet die Costa Brava ideale Bedingungen: eine abwechslungsreiche, spektakuläre Landschaft, von der ein großer Teil unter Naturschutz steht, viele schöne Orte mit einer hervorragenden touristischen Infrastruktur, eine Spitzengastronomie, dazu gute Wanderwege und Verkehrsmöglichkeiten, sodass man hin und wieder eine Strecke mit Bus oder Schiff zurücklegen kann.

Egal, ob man die ganze Küste abwandert oder sich auf einen Ausschnitt beschränkt und viele Pausen einlegt – zu Fuß bekommt man den ursprünglichen Charakter der wilden Küste zu spüren. Manche Bucht kann man schließlich nur so erreichen. Und neben dem Wandern kann man immer ausgiebig schwimmen.

Auch bei Nudisten beliebt: die Cala Boadella bei Lloret de Mar

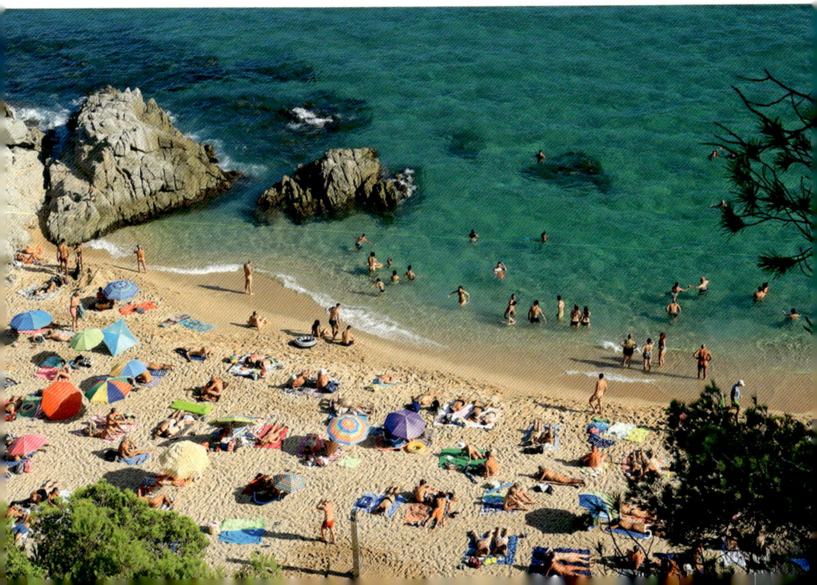

Wandern an der Costa Brava

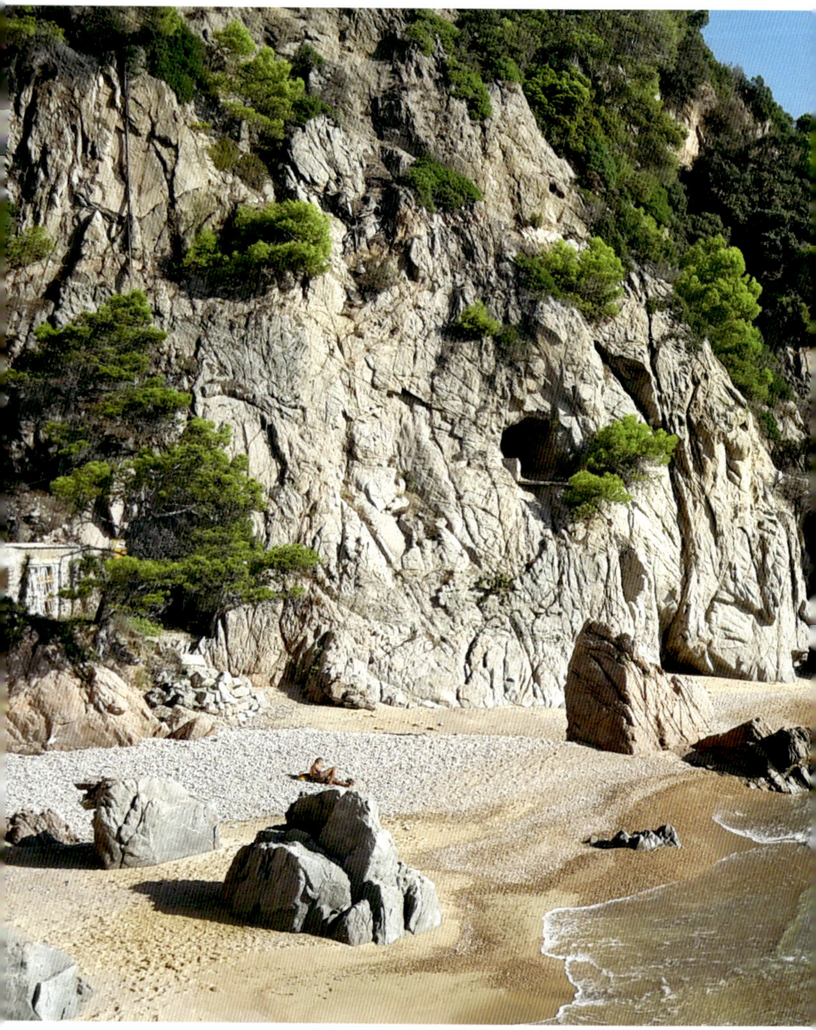

Nur ein paar Meter von den Zentren des Massentourismus entfernt zeigt die Küste noch ihr wildes Gesicht

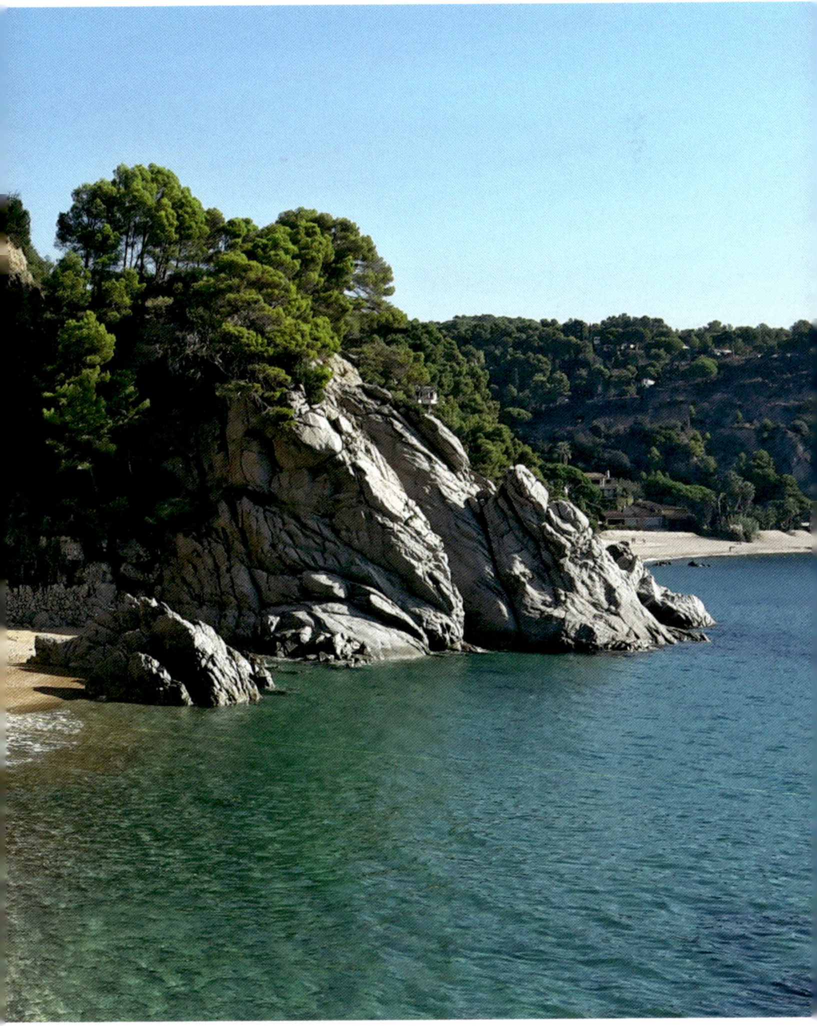

Entlang der wilden Küste

Dieser Wanderführer beschreibt den Weg in 13 Etappen von Blanes im Süden bis Portbou an der französischen Grenze. Die Küste lässt sich in beide Richtungen abwandern, doch ist es reizvoller, im Süden zu starten, die Zentren des Massentourismus bald hinter sich zu lassen und den schönsten Abschnitten der Costa Brava entgegenzuwandern.

Wem die Herausforderungen einzelner, kürzerer Etappen nicht reichen, kann problemlos mehrere Etappen aneinanderhängen und dann eventuell auch an anderen als den angegebenen Orten übernachten. Wer hingegen die Küste rundum genießen, ausgiebig baden und sich erholen möchte, sollte sich für den einen oder anderen Ort mehr Zeit lassen. Für einen zwei- oder mehrtägigen Aufenthalt bieten sich insbesondere Calella de Palafrugell (▸ Seite 57), Llafranc (▸ Seite 53, 62), Tamariu (▸ Seite 63), L´Escala (vor allem im „Hostal Spa Empúries“ neben den antiken Ausgrabungen!) (▸ Seite 78, 82), Cadaqués (▸ Seite 106),

Steinige Wege führen aus dem Sündenbabel Lloret hinaus

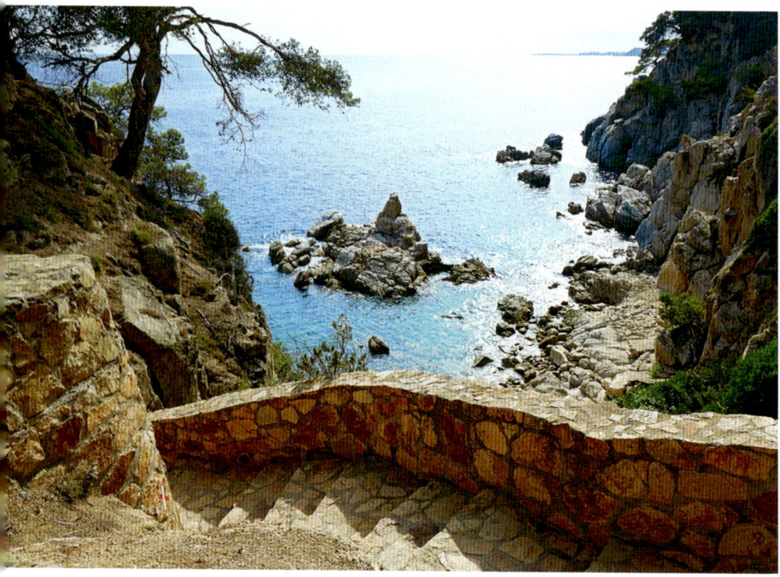

oder El Port de la Selva (▶ Seite 114) an, die atmosphärisch am schönsten und nicht allzu verstädtert sind.

Caminos de Ronda & Weitwanderweg GR 92

Für die Wanderung entlang der Küste wird hier eine Kombination aus zwei unterschiedlichen Wegen empfohlen, die aber teilweise zusammenfallen: die Küstenwanderwege *Caminos de Ronda* – zu deutsch „Rundwege" – einerseits, andererseits der rot-weiß markierte Weitwanderweg – katalanisch *Gran Recorregut* – GR 92, auch *Sendero Mediterráneo* genannt, weil auch er mehr oder weniger nah am Mittelmeer entlangführt.

Die meist reizvolleren Caminos de Ronda gehen oft auf jahrhundertealte Pfade zurück. Sie wurden ursprünglich angelegt, damit Fischer, die in Seenot geraten waren, von allen möglichen Punkten an der Küste leicht den nächsten Ort erreichen konnten. Später wurden sie von Zollbeamten und Polizei genutzt, um die Küste vor Piraten und Schmugglern zu schützen. Meist sind es sehr einfache, schmale Pfade, die hier und da ausgebaut wurden. Andere Abschnitte wiederum sind mit der Zeit zugewuchert, zerfallen oder durch Bebauung zerstört und viele Orte bemühen sich heute darum, sie wiederherzustellen.

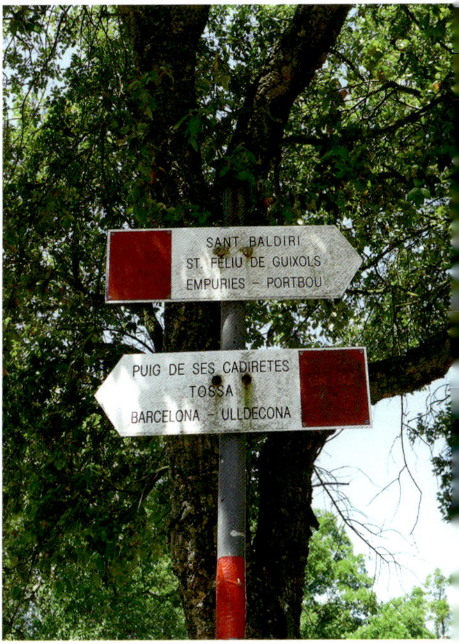

Rot und Weiß sind die Farben des GR 92

Während sie meist in unmittelbarer Nähe zum Wasser verlaufen, macht der Weitwanderweg GR 92 zum Teil einen weiten Bogen durchs Landesinnere. Streckenweise ist er allerdings auch mit den Caminos de Ronda identisch oder benutzt bestehende Forst- oder Feldwege, zum Teil auch ruhige Landstraßen.

Dabei ist der Abschnitt, der an der Costa Brava verläuft, nur ein Teil des insgesamt fast 600 Kilometer langen Wegs, der von Portbou an der französischen Grenze bis nach Ulldecona südlich von Barcelona

Ausrüstung & Verpflegung

Auch wenn es einige bequeme Abschnitte gibt, die sich wie ein ausgedehnter Spaziergang anfühlen, sollte man die Wege nicht unterschätzen und gut eingelaufene Wanderschuhe mitbringen. Je nach Saison empfiehlt es sich, für Abstecher in die Orte oder an den Strand auch leichte Schuhe dabeizuhaben. Sehr wichtig ist ausreichender Sonnenschutz – Sonnenhut, Sonnenbrille, Sonnenschutzmittel, eventuell auch langärmelige leichte Hemden oder Blusen.

Neben Regenschutz gehört in der warmen Jahreszeit unbedingt auch Badezeug ins Gepäck. Außerdem ist auf ausreichend Trinkflüssigkeit und Proviant zu achten. Denn auch wenn in der Saison an vielen Stränden Kioske Snacks und kühle Getränke anbieten, sind die Durststrecken mitunter doch länger als erwartet.

Wer keinen Gepäcktransfer-Service in Anspruch nimmt, sollte seinen gut sitzenden Rucksack nicht allzu sehr beladen und möglichst Kleidung mitnehmen, die sich unterwegs waschen lässt und schnell trocknet.

hinunterführt, mehr oder weniger unmarkiert sogar weiter bis nach Andalusien. Allerdings ist der nördlichste Abschnitt der abwechslungsreichste und landschaftlich schönste, denn er bietet eine sehr reizvolle Mischung aus spektakulärer Steilküste, weiten Stränden und unterschiedlichen Naturschutzgebieten.

Wandern mit Kindern

Als Wandergebiet eignet sich die Costa Brava im Prinzip auch gut für Kinder, die dem Laufen nicht ganz abgeneigt sind. Einerseits locken immer wieder Buchten und Strände, andererseits gibt es eine gute Infrastruktur mit Bussen oder Ausflugsdampfern, sodass man lange oder monotone Etappen hier und da abkürzen kann. Einige Wanderungen, zum Beispiel Etappe 1 von Blanes nach Lloret (▸ Seite 16) oder Etappe 9 von L'Escala nach Sant Pere Pescador (▸ Seite 84), sind problemlos mit Kindern zu machen, die eine gewisse Ausdauer haben. Es gibt allerdings auch einige sehr anspruchsvolle und auch nicht ganz ungefährliche Etappen, die sich nur für sehr geübte und trittsichere Kinder empfehlen. Gegebenenfalls sollte man sich darüber vor Ort nochmals informieren.

Gepäcktransfer & geführte Wanderungen

Es gibt einige Veranstalter oder Agenturen, die Pauschalen mit Gepäcktransfer, Unterkunft, GPS und Kartenmaterial, zum Teil auch mit Begleitung anbieten. Einige decken allerdings nur Teilbereiche der Küste ab. Meist liegen die Strecken am mittleren Abschnitt der Costa Brava zwischen Sant Feliu de Guíxols und Begur. Das umfangreichste und professionellste Angebot bietet Trek & Ride (www.trekandride.com). Außerdem sind Running Costa Brava (www.runningcostabrava.com) sowie Walking Planets! (www.walking-costabrava.com) zu empfehlen.

Übernachten

Für die Übernachtung bieten sich an der Küste unzählige Beherbergungsbetriebe aller Kategorien an. Die Preise – egal ob Luxushotel, einfaches Hostal oder Pension (*pensió*) – können je nach Saison stark schwanken. In der Hochsaison sollte man rechtzeitig im Voraus buchen und bei den Preisen darauf achten, ob das Frühstück im Übernachtungspreis enthalten ist.

Neben einem modernen, sehr schön gelegenen Parador in Aiguablava (www.parador.es) gibt es auch zwei Jugendherbergen in L'Escala und Tossa de Mar (Informationen unter www.xanascat.cat). Außerdem ist die Küste bei Campingtouristen beliebt. Schwerpunkte sind Pals und Sant Pere Pescador. Einige Campingplätze vermieten auch komplett eingerichtete Bungalows (www.campinggirona.com).

Auch das Kontingent an Ferienwohnungen ist groß, allerdings werden diese selten für nur eine oder zwei Nächte vermietet. Immer beliebter auch bei Wanderern sind indes-

Calella de Palafrugell – ein Dorf wie aus dem Bilderbuch

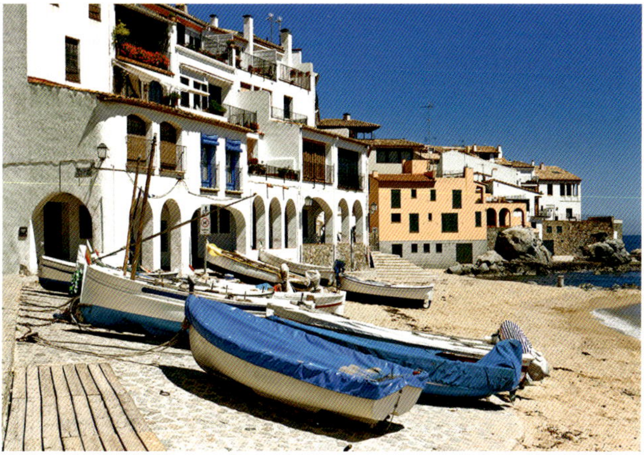

sen die Unterkünfte in Landhäusern oder auf Bauernhöfen, die unter *turisme rural* oder *cases de pagès* firmieren und sehr viel individueller gestaltet sind als Hotels. Informationen findet man im Internet unter www.gironarural.org oder www.toprural.com. Weitere Informationen zu Unterkünften bietet die Website des Fremdenverkehrsamts unter www.costabrava.org.

Klima & Reisezeit

Die Costa Brava ist ein Ganzjahresziel. Im Allgemeinen herrscht ein angenehmes Klima mit warmen Sommern, mäßig regenreichen Übergangszeiten und milden, teilweise auch recht sonnigen Wintern. Im Juli liegen die Durchschnittstemperaturen bei rund 28 °C, im Januar bei 12,7 °C. Es kann allerdings vor allem im Januar und Februar auch recht kalt, nass oder windig werden.

Im Übrigen machen viele Unterkunftsbetriebe und auch Restaurants eine Winterpause, sodass die Orte dann einen verwaisten Eindruck machen. Die eigentliche Saison beginnt an Ostern und dauert bis Ende Oktober. Die schönsten Monate zum Wandern sind das Frühjahr und der Herbst, wenn die Temperaturen gemäßigt, die Orte nicht so voll und die Hotels nicht so teuer sind wie in der Hochsaison, zu der die Osterwoche aber dazuzählt. In den Monaten Juli und August füllt sich die Küste nicht nur merklich mit Touristen – in dieser Zeit wird das Wandern aufgrund der relativ hohen Temperaturen und Luftfeuchtigkeit auch sehr beschwerlich.

Ankommen

Die meisten Wanderer fliegen nach Barcelona, zum Flughafen Aeroport Barcelona-Prat de Llobregat. Von hier gibt es direkte Busverbindungen zu vielen Orten der Costa Brava, so dass man nicht ins Stadtzentrum von Barcelona zu fahren braucht. Vom Terminal 2 fahren auch Regionalzüge nach Barcelona und weiter zu einigen Küstenorten wie Blanes. Außerdem fliegen einige Fluggesellschaften den sehr viel kleineren Flughafen Aeroport Girona-Costa Brava an, von wo aus man mit Bussen ins Stadtzentrum von Girona und weiter an die Costa Brava, zum Teil auch direkt zu den Küstenorten gelangt.

Alternativ kann man mit Bahn oder Fernbus anreisen. Die Anreise mit dem Zug ist allerdings relativ umständlich und vergleichsweise teuer (▸ Seite 139).

Unterwegs in der Region

Während die Küstenorte an die Flughäfen bzw. Städte Barcelona und Girona per Bus gut

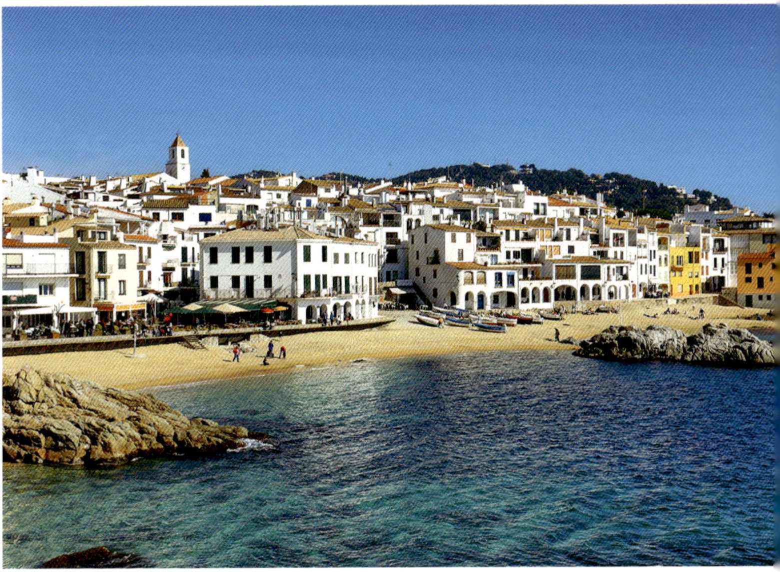

Fotogen: die Küstenorte bei Palafrugell

angebunden sind, sind sie untereinander weniger gut vernetzt. Es gibt drei große Busunternehmen, die an der Costa Brava hauptsächlich unterwegs sind: Sarfa, Sagalés und Teisa. Die Fahrten können auch im Voraus online gebucht werden (▸ Seite 139). Hinweise zu den jeweiligen Busunternehmen und -bahnhöfen finden sich in den Etappenbeschreibungen.

Einige wenige Küstenorte – Blanes, Llançà, Colera und Portbou – sind mit klimatisierten Nahverkehrs- oder Fernzügen zu erreichen, außerdem die Provinzhauptstadt Girona und Figueres, von wo aus wiederum viele Busse zur Küste starten. Die Zugfahrten sind meist wesentlich preisgünstiger als die Busverbindungen (Renfe ▸ Seite 139). Zwischen den Küstenorten verkehren auch vielfach Schiffe oder Ausflugsdampfer. Informationen sind bei den einzelnen Orten zu finden.

Hinweis

Jede Etappe kann auch direkt angesteuert werden. In der Touren-Information werden die Verkehrsanbindungen für den jeweiligen Startort genannt. Hinweise für Übernachtung und Einkehr sind für den jeweiligen Zielort angegeben.

Etappen

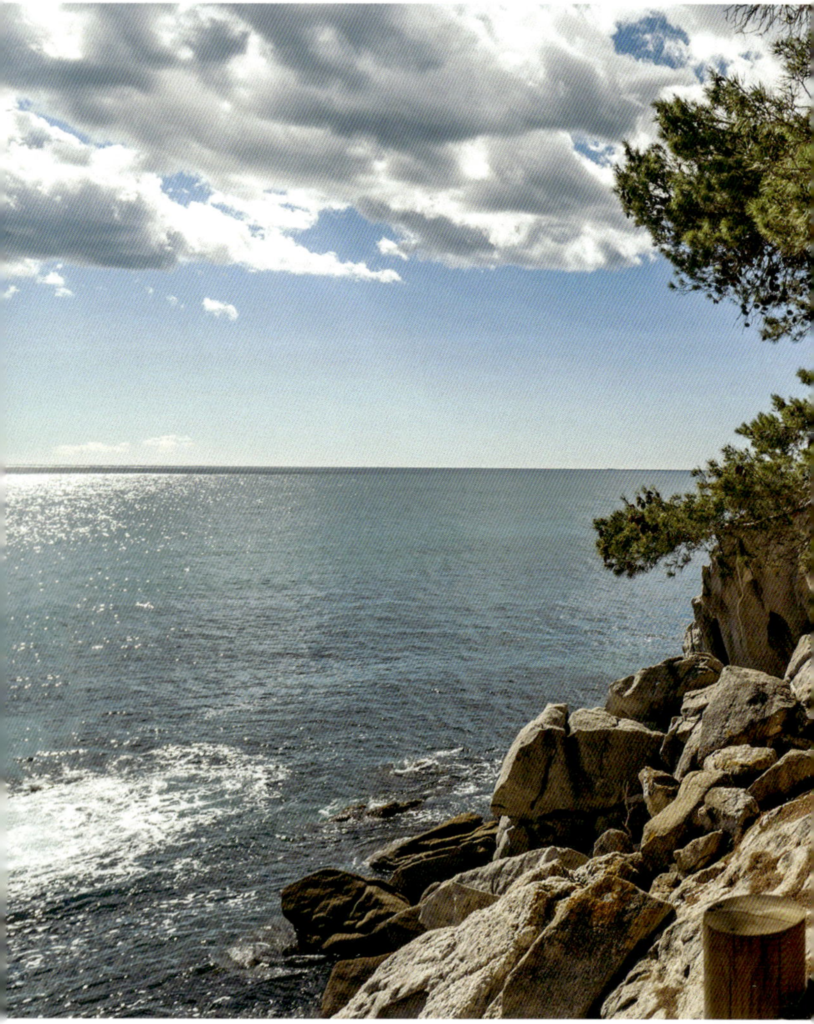

Schön, wenn einem Geländer und Treppen über schwierige Passagen hinweghelfen

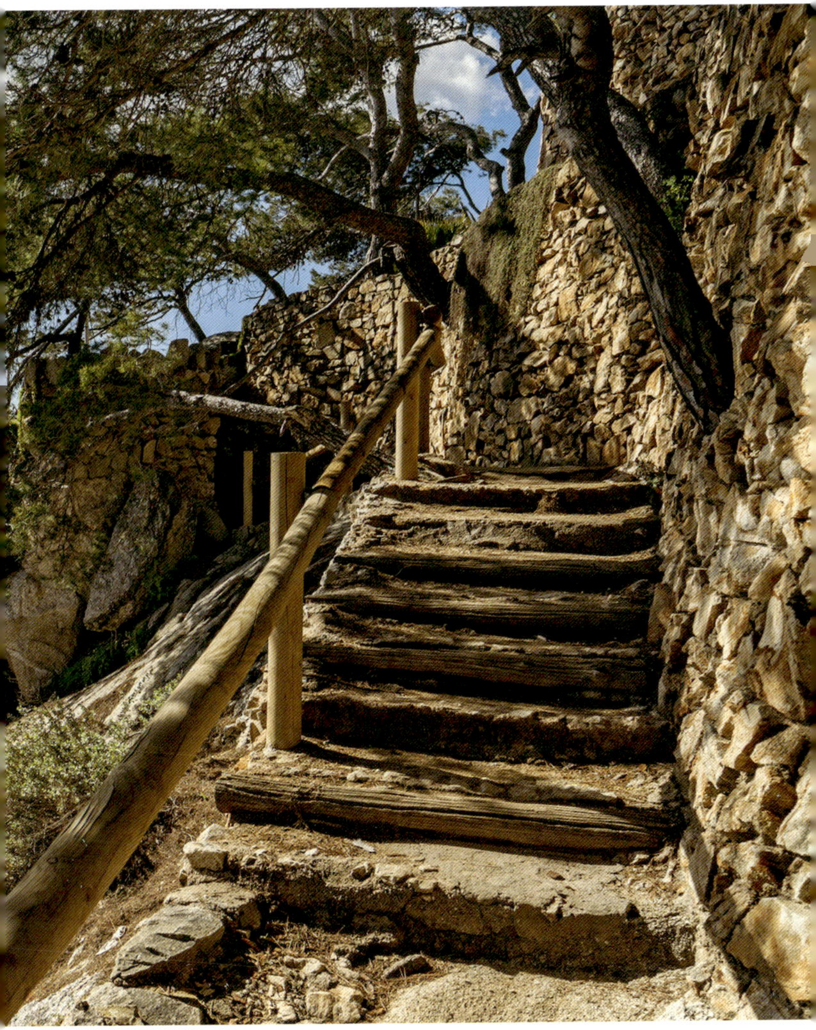

Blanes – Lloret de Mar

1 Garten- und Buchten-Hopping zwischen den Touristenhochburgen

Start	Ziel	Länge	Gehzeit
Estació de Blanes (Bahnhof)	Lloret de Mar	12 km	3,5 Std.

Die erste Etappe verbindet Blanes und Lloret de Mar, zwei relativ große Orte, die nicht unbedingt zu den schönsten der Costa Brava gehören. Doch zwischen ihnen liegen einige der reizvollsten Buchten und Strände, außerdem gleich drei ganz unterschiedliche, aber in jedem Fall herausragende Gartenanlagen, für die man sich genügend Zeit lassen sollte. So ist die relativ kurze Tour genau das Richtige, um sich langsam einzulaufen, einen ersten Eindruck von der wilden Schönheit der Landschaft zu bekommen und vielleicht ein erstes Mal ins Wasser zu springen. Wem die Herausforderung nicht reicht, der kann gleich noch die zweite Etappe in Angriff nehmen.

Nach dem ersten Kilometer ein Sprung ins Mittelmeer?

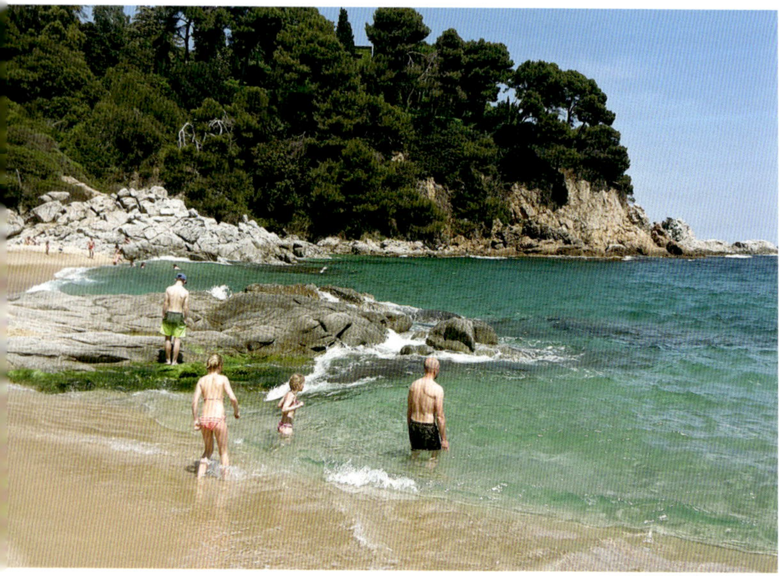

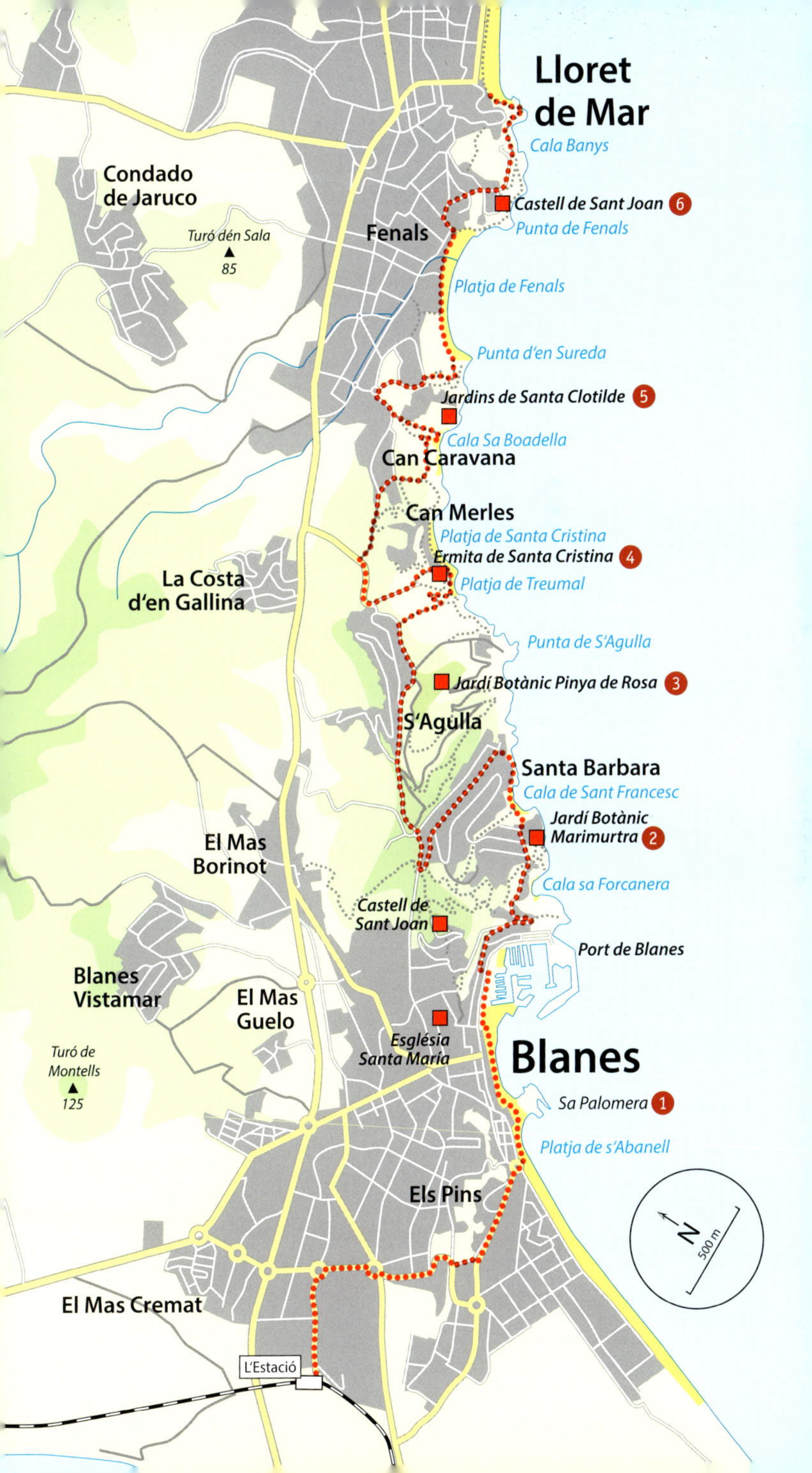

Lloret de Mar
Cala Banys
Condado de Jaruco
Castell de Sant Joan 6
Punta de Fenals
Turó dén Sala
85
Fenals
Platja de Fenals
Punta d'en Sureda
Jardins de Santa Clotilde 5
Cala Sa Boadella
Can Caravana
Can Merles
Platja de Santa Cristina
Ermita de Santa Cristina 4
La Costa d'en Gallina
Platja de Treumal
Punta de S'Agulla
Jardí Botànic Pinya de Rosa 3
S'Agulla
Santa Barbara
Cala de Sant Francesc
Jardí Botànic Marimurtra 2
El Mas Borinot
Cala sa Forcanera
Castell de Sant Joan
Port de Blanes
Blanes Vistamar
El Mas Guelo
Església Santa María
Blanes
Turó de Montells
125
Sa Palomera 1
Platja de s'Abanell
Els Pins
N
500 m
El Mas Cremat
L'Estació

Infos zur Tour

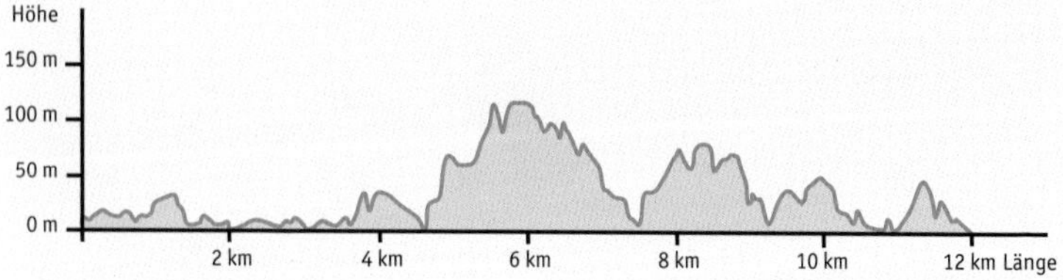

Anfahrt nach Blanes

Bahn: Estació (Bahnhof) Blanes. Von Barcelona (z. B. Estació Sants), Züge fahren ca. alle 30 Min., ca. 90 Min. Von hier 30 Min. zu Fuß zur Strandpromenade oder Stadtbusse ca. alle 30 Min.
Bus: Estació d'Autobusos · Carrer de Lluís Companys 32 · 17300 Blanes· (nahe der Strandpromenade)
Vom Flughafen Aeroport del Prat oder von der Estació del Nord in Barcelona mehrmals tgl., ca. 2 Std.
(Sagalés ▸ Seite 139)

Information Blanes

Oficina de Turisme

Plaça de Catalunya 2 · 17300 Blanes · 972 33 03 48 · www.blanescostabrava.cat

Streckenverlauf

Blanes – Cala de Sant Francesc – Jardí Botànic Pinya de Rosa – Platja de Treumal – Platja de Santa Cristina – Cala Sa Boadella – Jardins de Santa Clotilde – Platja de Fenals – Cala Banys – Lloret de Mar
Alternative Fahrtmöglichkeiten von Blanes direkt zu den Botanischen Gärten sind die Busse von Transpujol. 972 33 78 42 · www.transpujol.com · Abfahrt z. B. Plaça de Catalunya

Streckencharakteristik

Landschaftlich reizvolle Wanderung an mehreren schönen Stränden und Buchten entlang, kurze Abschnitte mit Hartbelag

Schwierigkeit

Einfach, mit kleinen Steigungen

Für Kinder

Ja

Beschilderung

GR 92 und lokale Schilder

Baden

Am Strand von Blanes, Cala Sant Francesc, Platja de Treumal, Platja de Santa Cristina, Cala Sa Boadella

Übernachten in Blanes

Hostal Doll

Passeig Pau Casals 70 · 17300 Blanes · 972 33 00 08 · www.hostaldoll.com
Wer vor dem Start in Blanes übernachten möchte, kann hier unweit vom Hafen preisgünstig unterkommen. Das eher schlichte Haus mit 2-Sterne-Komfort und 30 Zimmern punktet auch mit seinem guten Restaurant.
(DZ mit Frühstück ab 67 €)

Übernachten in Lloret de Mar

Hotel Marsol

Passeig de Jacint Verdaguer 7 · 17310 Lloret de Mar · 972 36 57 54 · www.marsolhotels.com · im Winter z. T. geschlossen

Sehr gut gelegenes 4-Sterne-Hotel an der Strandpromenade. Spa, kleiner Pool auf der Dachterrasse und toller Blick aus vielen Zimmern. (DZ ab 55 €)

Einkehren in Blanes

Es Blanc

Sant Andreu de sa Palomera 1 · 17300 Blanes · 972 33 00 49 · www.facebook.com/esblancblanes · tgl. 9–1.30 bzw. 3 Uhr

Der In-Place von Blanes direkt am Ausgangspunkt der Strandwanderung. Herzhaftes Frühstück, Tapas oder ganze Menüs mit Blick auf die Strandpromenade.

Einkehren in Lloret de Mar

Can Tarradas

Plaça d'Espanya 7 · 17310 Lloret de Mar · 972 36 61 21 · tgl. 13–17 und 19–23 Uhr, im Winter Mi geschlossen

Angenehm bodenständiges Restaurant mit katalanischer Küche. Gute Fischsuppe und Paella, preiswerte Mittagsmenüs.

Einkehren unterwegs

Cala Bona

Cala de Sant Francesc · 17300 Blanes · 972 33 49 13 · www.restaurantcalabona.com · tgl. ab 8 Uhr

Sehr schöne Lage in der Bucht am nördlichen Rand von Blanes. Legendäres Gabelfrühstück (Esmorçar de forquilles) mit Salat, Languste, Dessert, Wein und Kaffee für ca. 15 €, leider nur bis 10.45 Uhr. Gute Sandwiches, Tapas und andere Gerichte.

Es gibt zahlreiche Strandkioske, die allerdings meist nur in der Saison geöffnet sind.

Sehenswertes

Jardí Botànic Marimurtra

Passeig de Carles Faust 9 · 17300 Blanes · www.marimurtra.cat · Apr.–Okt. tgl. 10–20, Nov.–Jan. tgl. 10–17, Feb./März tgl. 10–18 Uhr · Eintritt 7 €

Jardí Botànic Pinya de Rosa

Camí de Santa Cristina, km 4 · 17300 Blanes · www.pinya-de-rosa.es · Mai–Sep. tgl. 9–19, Okt.–Dez. 9–18 Uhr, Jan.–Apr. geschlossen

Jardins de Santa Clotilde

Paratge de Santa Clotilde · 17310 Lloret de Mar · 972 37 04 71 · Apr.–Okt. tgl. 10–20, Nov.–Jan. 10–17, Feb./März 10–18 Uhr

Diese drei Gartenanlagen an der Etappe sind von ganz unterschiedlichem Charakter, lohnen aber alle den Besuch.

Museu del Mar

Passier Camprodón i Arrieta 1–2 · 17310 Lloret de Mar · 972 36 47 35 · März–Mitte Juni und Mitte Sep.–Okt. Mo–Sa 9–13.30 und 16–19, Mitte Juni–Mitte Sep. Mo–Sa 9–20, So 10–13 und 16–19, Nov.–Feb. Mo–Sa 9–13.30 und 15–18, So 9–14 Uhr

Im repräsentativen Haus des Amerika-Auswanderers und -Rückkehrers Enric Baptista Garriga, erbaut 1887, zeigt heute das Meeresmuseum Exponate zum Thema Seefahrt und Seehandel.

Blanes

Es ist lange her, dass Blanes ein lauschiger Fischerort war. Zwar wird hier noch allerhand aus dem Meer geholt, bei den Fischauktionen versteigert und in den Lokalen rund um den Hafen aufgetischt, doch ansonsten macht der südlichste Ort der Costa Brava mit seinen Gewerbegebieten einen recht städtischen Eindruck. Immerhin ist Blanes mit seinen langen Sandstränden ein beliebter Ferienort. Verlockend sind außerdem die einzigartigen Gartenanlagen in der näheren Umgebung. Im Gewirr der Altstadtgassen, im **Carrer Ample** oder **Carrer Raval,** lassen sich einige hübsche alte Häuser und die **Pfarrkirche Santa María** aus dem 14. Jahrhundert entdecken. Literaturfans sei verraten, dass hier lange Zeit der chilenische Kultschriftsteller Roberto Bolaño lebte. Inzwischen folgt der *Itinerari Roberto Bolaño* seinen Spuren.

Hoch über dem Städtchen thront die weithin sichtbare Burg **Castell de Sant Joan.** Etwas unterhalb erstreckt sich das vier Hektar große Areal des einzigartigen **Botanischen Gartens Marimurtra,** der 1920 von dem deutschen Kaufmann und Hobbybiologen Karl Faust angelegt wurde. Gegliedert in unterschiedliche Vegetationszonen mit mediterranen, tropischen und subtropischen Gewäch-

Hier beginnt die Costa Brava: Punta Sa Palomera am kilometerlangen Strand von Blanes

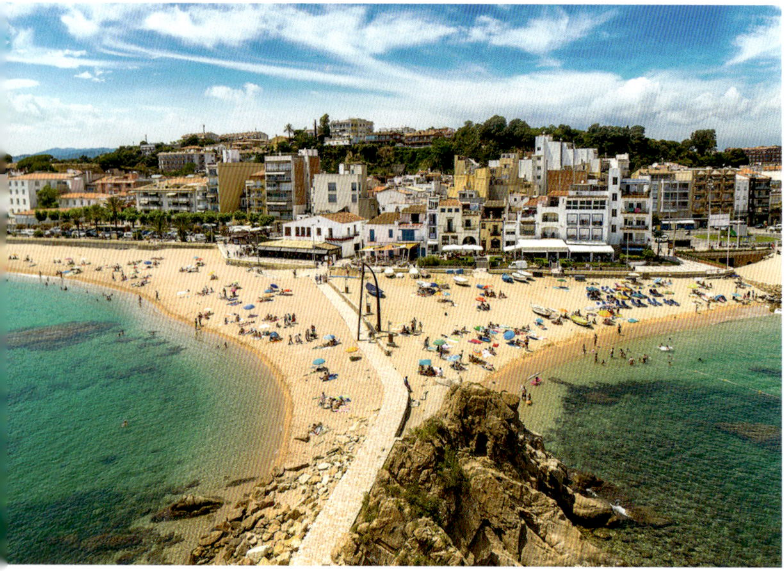

sen, gedeihen hier über 3000 Pflanzenarten. Neben exotischen Dattelpalmen, Araucarien-Wäldchen oder prächtigen brasilianischen Bromelien lockern Bereiche mit Sumpfgräsern, Orchideen oder Zierkirschen das Gelände auf, über das sich auch hübsche Brunnen, Rundtempel und Aussichtspunkte mit herrlichem Blick über die Küste verteilen (▸ Seite 19).

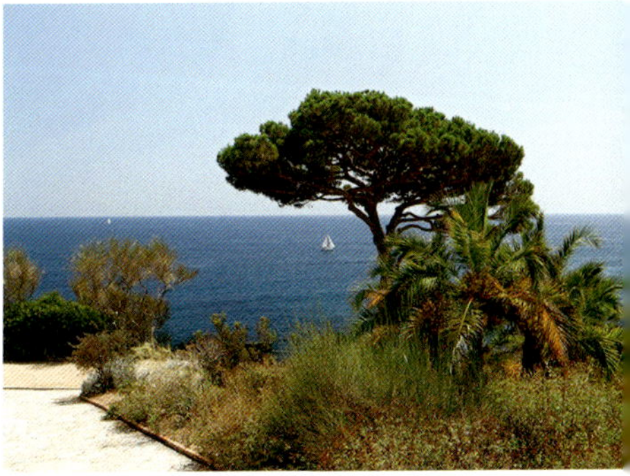

Pinien – das heimliche Wahrzeichen der Küste

Vom Bahnhof in Blanes zum Strand 0–2 km

Vom Bahnhof läuft man zunächst die Avinguda de l'Estació hinunter, bis diese an einer großen Kreuzung auf die Avinguda d'Europa trifft. Dort biegt man rechts ab und geht dann immer geradeaus in Richtung Zentrum. Nachdem die Straße einen großen Linksbogen beschrieben hat, biegt man rechts in den Carrer de la Senda del Molí ein und folgt diesem, bis man auf den Passeig de Catalunya stößt, der einen hinter einem Kreisverkehr schließlich zum Meer (Passeig de la Marina) führt.

Von Sa Palomera zum Jardí Botànic Pinya de Rosa 2–6 km

Mitten auf der Strandpromenade von Blanes, nahe dem Szenelokal „Es Blanc“, weht auf dem großen Felsbrocken **Sa Palomera** ❶ die katalanische Flagge. Sie zeigt an, dass hier die Costa Brava beginnt und damit auch die Wanderung entlang der Küste. Zunächst geht es am Strand entlang. Vor dem Hafen folgt man den Hinweisschildern zum Botanischen Garten, die einen über eine Treppe, den Carrer de l'Esperança und den Passeig de Carles Faust zum **Jardí Botànic Marimurtra** ❷ führen. (Hier nicht der rot-weißen Markierung des GR 92 folgen, der zum **Castell de Sant Joan** hinaufführt!) Vom Eingang des Botanischen Gartens geht es auf dem Carrer de l'Ermita weiter zu der hübschen Kapelle **Ermita de Sant Francesc.** Zwischen Pinien leuchtet türkisblaues Wasser hindurch und man kann hinuntersteigen zur gleichnamigen Bucht. Hinter dem Streifen mit goldgelbem Sand lädt die Bar **Cala Bona** zur Erfrischung ein. Von hier folgt man dem Küstenwanderweg bis zu seinem Ende, wo es zwischen Häusern steil ins Siedlungsgebiet hochgeht. Links zweigt der Carrer de la Fragata ab, den man hochläuft. Auf dem Carrer del Mirador erreicht man schließlich einen Kreisverkehr, von wo einen der Camí de Santa Cristina zum **Botanischen Garten Pinya de Rosa** ❸ bringt.

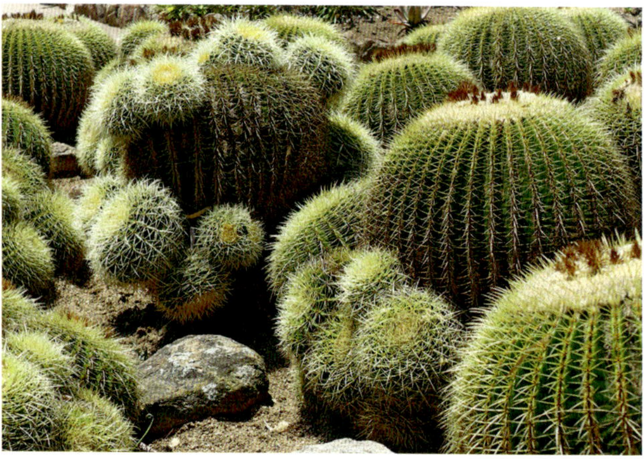

Stachelige Exoten im Botanischen Garten Pinya de Rosa

Jardí Botànic Pinya de Rosa

Ganz anders als der benachbarte Botanische Garten Marimurtra ist dieser übersät von exotischen Kakteen. 7000 stachelige Exemplare, darunter mehr als 600 Opuntien-Arten, aber auch Agaven, Yuccas und Aloe Vera aller Art und Größe hat der französische Ingenieur Ferran Rivière de Caralt um 1945 herum zusammengetragen. In den skurrilsten Formen ziehen sie sich bis zum Meer hinunter (▸ Seite 19).

6–9 km Jardí Botànic Pinya de Rosa bis zu den Jardins de Santa Clotilde

Schöner als dem GR 92 zu folgen ist es, unten am Meer weiterzulaufen – ein Pfad führt zur **Platja de Treumal** mit goldgelbem Sand, die in die **Platja de Santa Cristina** übergeht. Doch muss man dann von hier aus wieder aufsteigen zur Straße und erreicht dort die **Ermita de Santa Cristina** ❹ mit wunderbarem Blick aufs Meer. Die Wallfahrtskapelle ist eine stattliche befestigte Anlage inmitten einer Parkanlage voller Pinien aus dem 18. Jahrhundert. Die weiße Kirche, die der Schutzpatronin von Lloret de Mar gewidmet ist, soll eine Reliquie der Heiligen Christina enthalten, ist aber leider fast immer geschlossen. Auf jeden Fall öffnet sie sich am 24. Juli, wenn das Stadtfest von Lloret mit einer Meeresprozession und dem legendären Debütantinnentanz junger Frauen gefeiert wird. Gleich daneben befindet sich noch eine kleinere Kapelle, das **Oratori de Santa Cristina,** wo die sehr lebendig wirkende Statue der Obrera de Santa Cristina sich mit schwingendem Kleid dem Besucher zuneigt.

Bald darauf geht es wieder zum Wasser hinunter. Dazu läuft man auf der Carretera, später Camí Vell de Santa Cristina am Luxushotel Santa Marta vorbei, das in traumhafter Lage auf der rechten Seite liegt, dann mündet der Weg in den wunderschönen Nacktbadestrand **Cala Sa Boadella** mit goldenem Kies, wo das Meer ein paar malerische Felsen umspült, während hinten Pinien Schatten spenden. Im Sommer steht hier auch ein kleiner Kiosk mit Getränken und Snacks. Weiter auf dem Wanderweg ist es nicht mehr weit zur nächsten Gartenanlage, den **Jardins de Santa Clotilde** 5.

Jardins de Santa Clotilde

Auch hier ging zu Beginn des 20. Jahrhunderts ein Gartentraum in Erfüllung. Dieses Mal war es der 28-jährige Nicolau Rubió i Tuduri, der sich um 1919 mit einer Parkanlage nach dem Vorbild italienischer Renaissancevillen verwirklichte. Die mediterrane Vegetation wurde hier durch streng geometrisch angelegte, gestutzte Hecken und Zypressenhaine gebannt. Statuen, kleine Teiche, Brunnen und Rundtempel unterstreichen wiederum den verspielt-romantischen Charakter des Geländes, das zu einer herrschaftlichen Villa gehört und geradewegs aufs Wasser hinunterführt (▸ Seite 19).

Zwischen den Gartenanlagen locken lauschige Sandbuchten

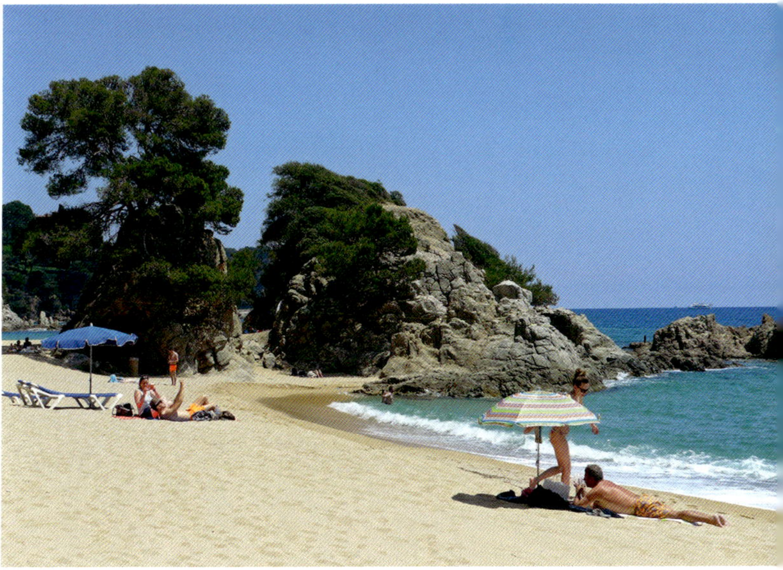

9–12 km Von den Jardins de Santa Clotilde nach Lloret de Mar

Weiter auf dem GR 92 wandert man zum nächsten Strand, der trubeligen **Platja de Fenals,** die schon die Nähe Lloret de Mars erahnen lässt. Gesäumt von allerlei Lokalen, den Info-Ständen der Reedereien und einer Strandpromenade geht es hier weniger romantisch zu. Doch noch ist Lloret de Mar nicht erreicht. Am nördlichen Ende des Strands zweigt links die Straße Domènech Carles ab, danach geht es gleich wieder rechts auf den Carrer Pau Picasso und wieder rechts auf einer Treppe zwischen Häusern hindurch. Vorbei am **Castell de Sant Joan** ⑥, einer Burg, die mit ihrem mächtigen Turm bis ins 11. Jahrhundert zurückgeht und Wahrzeichen von **Lloret** ist (mit sehenswertem Museum · Apr.–Okt. tgl. 10–13 und 17–19, sonst So und Fei 10–14 Uhr), gelangt man nun auf dem Camí de Ronda zu einem der schönsten Fleckchen von Lloret, der **Cala Banys:** Über mehrere von Palmen gesäumte Klippen verteilt sich die Terrasse der gleichnamigen Bar, die vor allem abends romantische Stunden verspricht. Zwischen den Tischen und Stühlen hindurch läuft man noch einmal über die Felsen, wo die Statue der **Dona Marinera,** der Seemannsfrau, grüßt, dann fällt der Blick schon auf die weite Bucht von Lloret.

Cala Banys: der perfekte Ort für romantische Abende

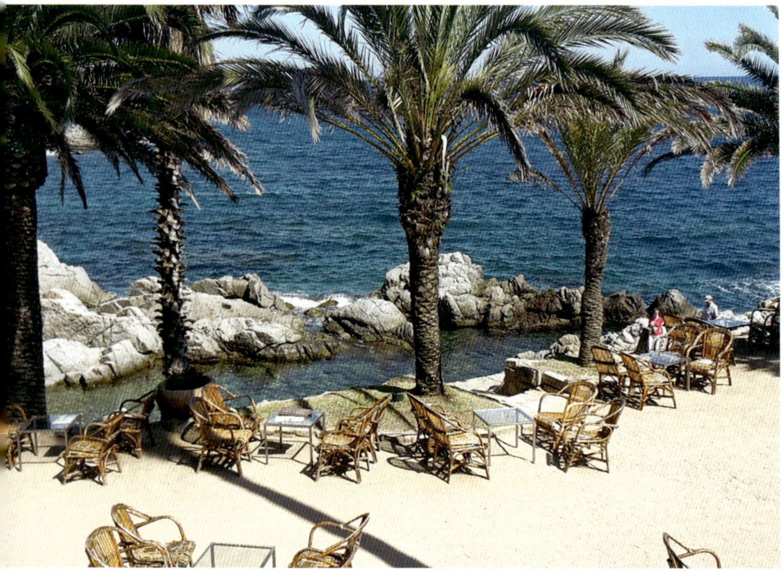

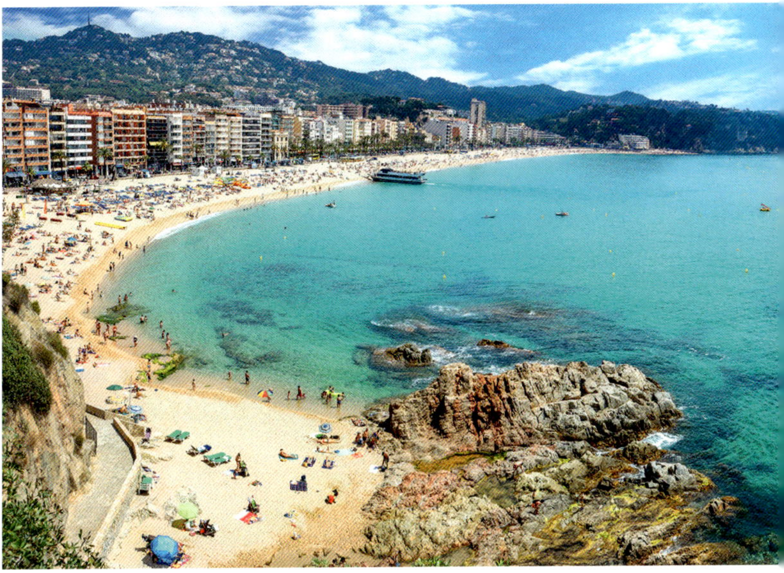

Die Skyline von Lloret de Mar verspricht hingegen nicht viel Romantik

Lloret de Mar

Mit der Einsamkeit mancher Buchten ist es schnell vorbei, wenn man in die Stadt kommt, die immer wieder durch Abi-Fahrten, Junggesellen-Abschiede und Saufgelage von sich reden macht. Schon fällt der Blick auf Fast-Food-Lokale und jede Menge Bars. Doch während sich in der Hauptstraße Clubs, Diskotheken und Billigläden aneinanderreihen, überraschen im historischen Zentrum die bombastische **Pfarrkirche** aus dem 16. Jahrhundert mit ihrer Jugendstilkuppel und das stattliche **Rathaus.** Schön anzusehen ist auch das **Museu del Mar** in der Casa Garriga, die entstand, als die reichen Kuba-Seefahrer in ihre Heimat zurückkehrten und ihr Geld in repräsentative Bauten investierten. Heute beherbergt sie nicht nur die **Touristeninformation,** sondern lässt auch die Geschichte der Seefahrt Revue passieren (▸ Seite 19).

Von katalanischen Traditionen erzählt das **Monument a la Sardana** an der Strandpromenade, das dem katalanischen Nationaltanz gewidmet ist. Wer länger in der Stadt verweilt, kann sich den Jugendstilfriedhof **Cementiri Modernista** am Camí de bon repòs etwas außerhalb des Zentrums ansehen. Namhafte Baumeister aus der Schule Gaudís haben hier sehenswerte Gräber geschaffen.

2 Lloret de Mar – Tossa de Mar
Vom Sündenbabel ins blaue Paradies

Start	Ziel	Länge	Gehzeit
Lloret de Mar	Tossa de Mar	V1: 11 km V2: 10 km	V1: 4,5 Std. V2: 4 Std.

Wanderer, die die Einsamkeit lieben, werden den Partyort Lloret gern wieder verlassen. Das geht auch ganz schnell, sobald sich der Weg am Ortsende an einigen hübschen Buchten entlang durch Feriensiedlungen hinaufschlängelt und von dort zum weiten Strand von Canyelles hinunterführt. Danach gibt es zwei Alternativen: Entweder wandert man weiter durch etwas monotones Siedlungs- und Waldgebiet oberhalb der Küste. Oder man wählt die wesentlich schönere, aber schwierige und nicht ungefährliche Variante, die am Meer und einigen atemberaubenden Buchten vorbeiführt. Eventuell kann man auch eine Teilstrecke mit dem Ausflugsdampfer zurücklegen. Ziel ist Tossa de Mar, Chagalls „blaues Paradies", das zu den Perlen unter den Küstenorten gehört.

Nichts für Spaziergänger: die Steilküste bei Tossa de Mar

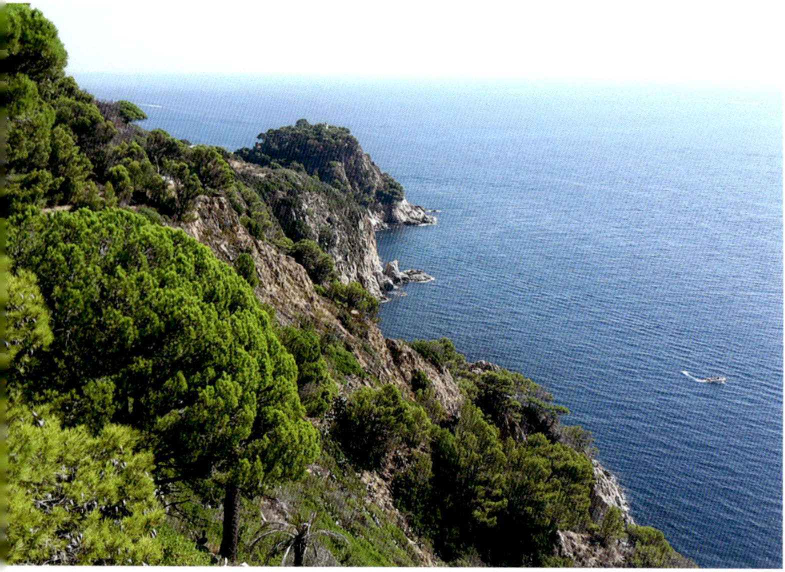

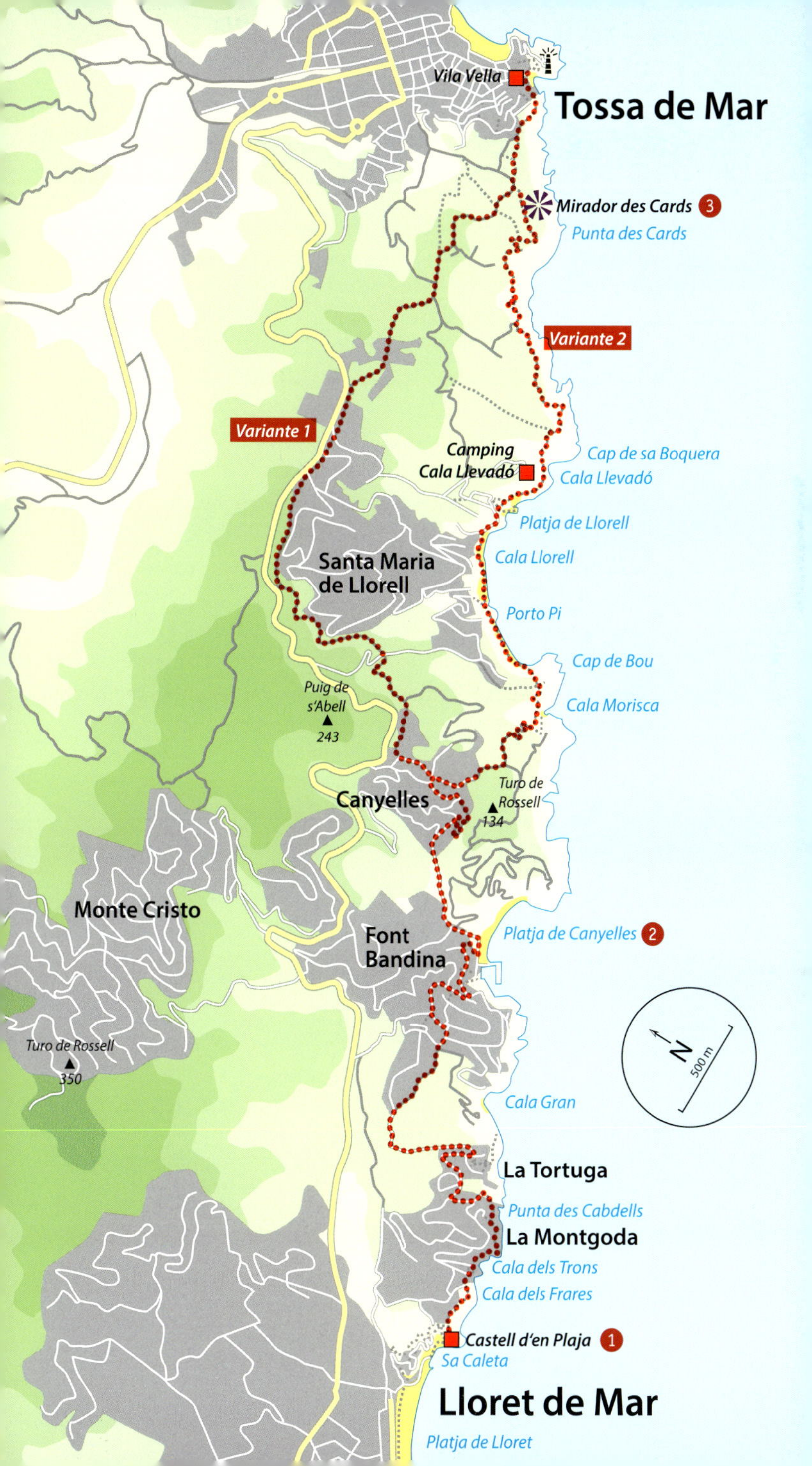

Vila Vella
Tossa de Mar
Mirador des Cards 3
Punta des Cards
Variante 2
Variante 1
Camping
Cala Llevadó
Cap de sa Boquera
Cala Llevadó
Platja de Llorell
Cala Llorell
Santa Maria
de Llorell
Porto Pi
Cap de Bou
Puig de
s'Abell
243
Cala Morisca
Turo de
Rossell
134
Canyelles
Monte Cristo
Font
Bandina
Platja de Canyelles 2
N
500 m
Turo de Rossell
350
Cala Gran
La Tortuga
Punta des Cabdells
La Montgoda
Cala dels Trons
Cala dels Frares
Castell d'en Plaja 1
Sa Caleta
Lloret de Mar
Platja de Lloret

Infos zur Tour

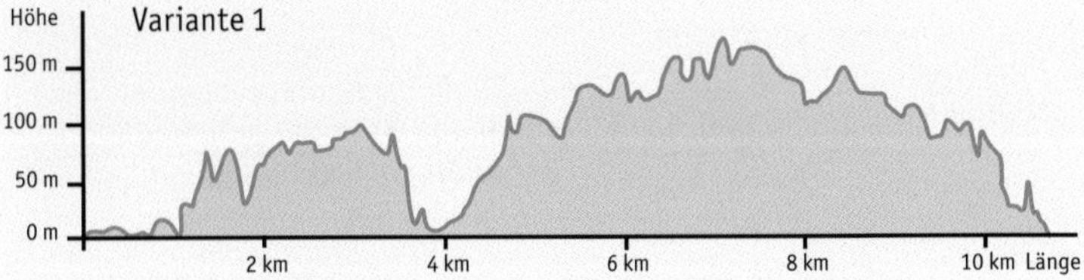

Anfahrt nach Lloret de Mar

Bus: Estació d'autobusos · Av. Vila de Blanes 45 · 17310 Lloret · Vom Flughafen Aeroport del Prat (Barcelona) oder von der Estació del Nord, mehrmals tgl., ca. 90 Min. (Sarfa ▸ Seite 139)

Schiffsverbindungen

Dofi Jet Boats

972 36 20 21 · www.dofijetboats.com · Ostern–Okt.

In der Saison ist Lloret von Blanes aus mit Ausflugsdampfern erreichbar.

Information Lloret de Mar

Information Lloret

Oficina de Turisme (Av. Alegries 3 · 17310 Lloret de Mar), am Busbahnhof und im Museu del Mar (972 36 57 88 · www.lloretdemar.org)

Streckenverlauf

Variante 1:
Lloret de Mar – Platja de Canyelles – Canyelles – Santa Maria de Llorell – Mirador des Cards – Tossa de Mar

Variante 2:
Lloret de Mar – Cala dels Frares – Platja de Canyelles – Cala Morisca – Porto Pi – Platja de Llorell – Cala Llevadó – Mirador des Cards – Tossa de Mar

Streckencharakteristik

Variante 1:
Landschaftlich z. T. reizvoll, mit Abschnitten durch Wald- und Wohngebiete, auch auf Hartbelag

Variante 2:
Landschaftlich reizvoller, aber z. T. ausgesetzter Küstenweg

Schwierigkeit

Variante 1: Einfach mit einigen Steigungen

Variante 2: Schwierig

Für Kinder

Variante 1: ja, bei entsprechendem Laufvermögen

Variante 2: nur für ältere, sehr geschickte Kinder unter Aufsicht von Erwachsenen

Beschilderung

Variante 1: GR 92 und lokale Ausschilderung

Variante 2: erste Etappe GR 92, dann lokale Ausschilderung

Baden

Am Strand der Platja de Canyelles, bei Variante 2 auch an weiteren Buchten

Übernachten in Tossa de Mar

Pension Can Tort
Carrer Pescadors 1 · 17320 Tossa de Mar · 972 34 11 85 · im Winter geschlossen
Mitten im quirligen Zentrum von Tossa scheint hier die Zeit stehen geblieben zu sein. Charmante, wenn auch einfache und etwas altmodische Pension. Auch Drei- und Vierbettzimmer. (DZ mit Frühstück ab 50 €)

Hotel Diana
Plaça d'Espanya 6 · 17320 Tossa de Mar · 972 34 18 86 · www.hotelesdante.com
Nicht allein die Lage an der Strandpromenade mit hübschem Innenhof überzeugt. An dem 4-Sterne-Hotel im Jugendstil am Strand haben Schüler Gaudís mitgewirkt. Das Frühstück wird im hübschen Innenhof serviert. (Ostern–Okt. DZ ab 90 €)

Einkehren in Tossa de Mar

Bahia
Passeig del Mar 19 · 17320 Tossa de Mar · 972 34 03 22 · www.restaurantbahiatossa.com · tgl. 13–16.30 und 19–23 Uhr, z. T. Di geschlossen
Das Traditionslokal an der Strandpromenade ist ganzjährig geöffnet und bietet eine große Auswahl an Fisch und Meeresfrüchten, die auch in den Menüs ab 17,50 € serviert werden.

Can Pini
Carrer del Portal 12 · 17320 Tossa de Mar · 972 34 02 97 · www.canpini.com · tgl. 13–16 und 19.30–22.30 Uhr
Wohltuend gepflegt und ruhig geht es in dem familiären Traditionslokal zu. Hier kommt gehobene katalanische Küche mit einem guten Preis-Leistungs-Verhältnis auf den Tisch. Bis 20.30 Uhr gibt es auch exzellente Menüs für ca. 27 €.

Einkehren unterwegs

Es gibt Einkehrmöglichkeiten am Strand Platja de Canyelles.

Sehenswertes

Museu Municipal de Tossa de Mar
Plaça Pintor Roig i Soler 1 · 17320 Tossa de Mar · Juni–Sep. Di–So 10–20, Okt.–Mai Di–So 10–13.30 und 15–17, Sa 10–14 und 16–18, So 10–14 Uhr
Im städtischen Museum sind sowohl archäologische Fundstücke aus römischer Zeit als auch internationale und katalanische Kunst aus dem 19. und 20. Jahrhundert zu sehen. Berühmtestes Exponat ist „Der himmlische Pianist" von Marc Chagall.

Villa Romana dels Ametllers
Avinguda del Pelegrí 5–13 · 17320 Tossa de Mar · www.infotossa.com
An der Avinguda del Pelegrí sind die frei zugänglichen Ausgrabungen einer römischen Siedlung zu sehen. Sie entstand zwischen dem 1. Jahrhundert v. Chr. und dem 5. Jahrhundert n. Chr. und wurde 1914 freigelegt. Die Ruinen zeigen nicht nur, dass die damaligen Bewohner Wein anbauten und exportierten, sondern dass sie auch über mehr oder weniger komfortable Wohnbereiche mit einem Schwimmbad aus Marmor verfügten.

km 0–4 Von Lloret zur Platja de Canyelles

Der Wanderweg beginnt am nördlichen Ende der Bucht, wo sich die Burg **Castell d'en Plaja** 1 erhebt. Man könnte denken, sie stamme aus dem Mittelalter. In Wirklichkeit ließ sie erst 1935 ein katalanischer Unternehmer errichten. Unter ihr schlängelt sich ein schmaler Pfad in stetem Auf und Ab um mehrere beschauliche, aber eher steinige Buchten, die **Cala dels Frares,** die **Cala dels Trons** und die **Punta des Cabdells** herum. Danach zwingt einen die Steilküste zu einem weiten Bogen durchs Hinterland und Siedlungsgebiet. Eine Treppe und steile Straßen führen in mehrere Apartment- und Villensiedlungen hinauf, die ineinander übergehen. Hier muss man aufpassen, dass man die Markierung des GR 92 im Auge behält, die einen auf die Straße Avinguda de la Tortuga, dann auf den Carrer Les Gavines und rechts weiter in die Baixada Costa de Llevant führen. An einem kleinen Platz angekommen, geht es schließlich ein kurzes Stück weiter auf der Avinguda del Mediterrani und dann im Linksbogen in die Avinguda Sol Eixent. An einem Pinienwäldchen vorbei gelangt man Richtung Landesinnere zu einer Straßenkreuzung, wo es rechts auf den Carrer d'Alemanya geht (die Deutschland-Straße). Von dort schlängelt sich der Weg auf mehreren Straßen durch Siedlungsgebiet wieder bergab zur breiten **Platja de Canyelles** 2 mit kleinem Jachthafen.

km 4–11 Von der Platja de Canyelles nach Tossa de Mar Variante 1

Vom Strand aus läuft man etwa in der Mitte der Bucht am kleinen Parkplatz vorbei und dann rechts auf dem Carrer Nàpols den Berg hoch. Wieder geht es durch Siedlungsgebiet, wobei man sich rechts hält und auf dem Camino de Ronda an Einfamilienhäusern und manch eigenwilliger Villa vorbeikommt. Auf dem Carrer d'Alexandria und dem Carrer de Capri folgt man den Wegweisern zur Urbanisation Playa Brava. In einer Linkskurve, wo sich offensichtlich deutsche Eigenheimbesitzer ihr Traumhaus gebaut haben, zweigt der Küstenwanderweg zur **Cala Morisca** ab (Variante 2). Doch bei dieser Strecke bleibt man auf dem GR 92, der sich jetzt weiter um die von Pinien und mediterranem Buschwerk umwucherte Steilküste herumzieht.

Glasklares Wasser direkt vor der Haustür

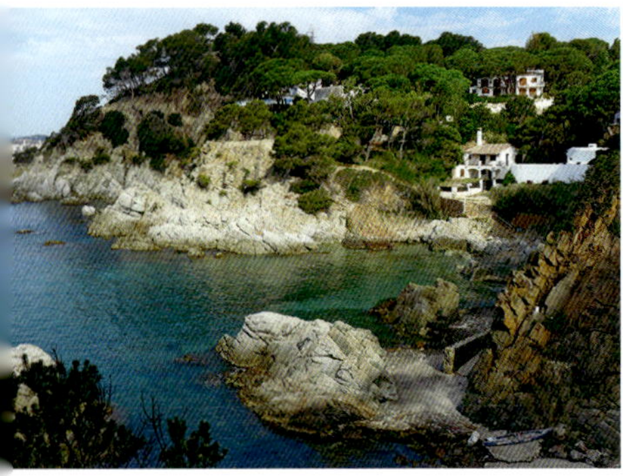

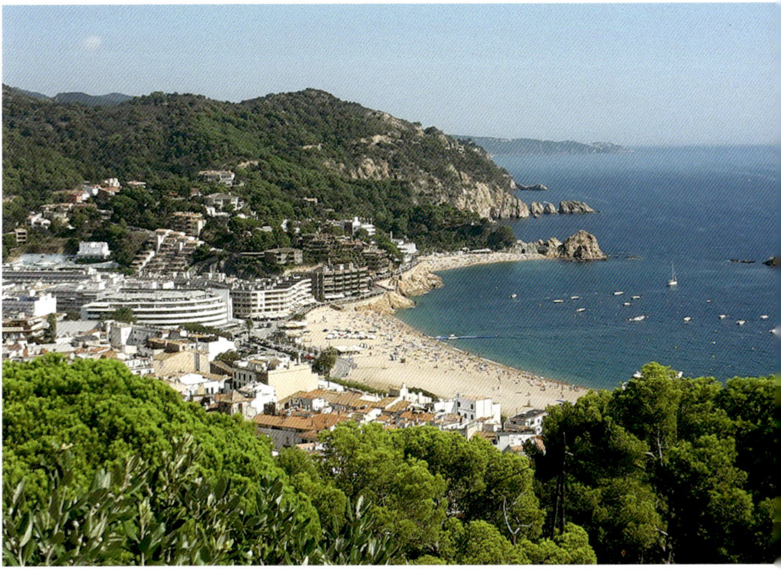

Eingerahmt von Pinienwäldern: Tossa de Mar

Am Ende des Siedlungsgebiets geht es in stetem Auf und Ab auf dem Carrer de Moltó und dem Carrer de la Morisca durch Waldgebiet. Zwischenzeitlich nähert sich der Weg der Landstraße von Lloret nach Tossa. An der Einfahrt zum **Campingplatz Cala Llevadó** zweigt der GR 92 dann wieder rechts ab. Schließlich kommt man zu einer Abzweigung, wo der Weg auf den Camino de Ronda trifft, der an der Steilküste entlangführt. Hier sollte man sich rechts halten, um die wunderbare Aussicht vom **Mirador des Cards** 3 zu genießen. Der Blick auf die **Vila Vella,** die Altstadt von Tossa, die hübsche Bucht Es Codolar und den daneben liegenden Hügel mit dem **Leuchtturm** ist bei klarem Wetter geradezu überwältigend. Nun geht es auf schmalem Pfad und Treppen in das Städtchen hinunter, wo es in der Hochsaison gleich sehr betriebsam zugeht.

Von der Platja de Canyelles nach Tossa de Mar Variante 2 - Küstenwanderweg km 4–10

Achtung! Der Küstenwanderweg ist nicht ungefährlich und sollte nur von schwindelfreien, trittsicheren Wanderern mit entsprechendem Schuhwerk und nur bei gutem Wetter begangen werden.

Zunächst wandert man auf demselben Weg wie Variante 1, nimmt aber an der Abzweigung im Siedlungsgebiet den Weg, der zur **Cala Mo-**

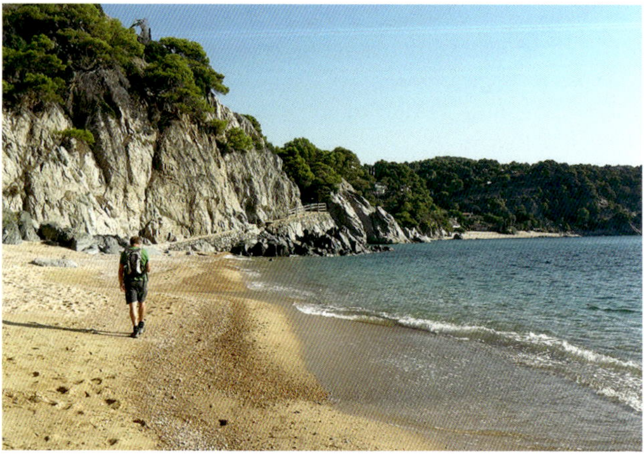

Porto Pi, Platja Llorell oder Cala Llevadó: eine Bucht ist schöner als die andere

risca hinunterführt. An mehreren Grundstücken vorbei schlängelt er sich zu der mit Felsen durchsetzten Bucht, die meist einsam daliegt. Direkt in der Mitte der Cala führt ein kaum sichtbarer Pfad auf die Felsen hinauf. Der Küstenwanderweg ist nur spärlich mit weißen Punkten gekennzeichnet, sodass man gut aufpassen muss. Zum Teil gibt es auch ausgesetzte Stellen, die mit Ketten oder Seilen gesichert sind. Hier ist besondere Vorsicht angezeigt. Dafür wandert man an traumhaften Buchten entlang – **Porto Pi, Cala und Platja Llorell, Cala Llevadó** – eine ist schöner als die andere. Doch geht es an der Steilküste immer wieder hoch und runter durch Pinienwälder und Gestrüpp, teilweise auch durch kleine Tunnel. In der Saison bieten vereinzelte Kioske Erfrischungen an, sofern die Buchten mit dem Auto erreichbar sind. An der **Cala Llevadó** befindet sich zudem der beliebte Beach Club des gleichnamigen Campingplatzes. Nach der **Punta de sa Boquera** verläuft der Weg dann nur noch oberhalb der Küste und führt zum **Mirador des Cards** 3 und weiter wie in Variante 1 beschrieben nach Tossa.

Tossa de Mar

Auch wenn es im Hochsommer ein stark frequentierter Ferienort ist – mit seiner von Stadtmauer und Wachtürmen eingerahmten Altstadt bietet Tossa eine der schönsten Silhouetten an der Costa Brava. Sie begeisterte nicht nur Künstler wie Olga Sacharow, Oscar Zügel und **Marc Chagall,** für den die Stadt ein „blaues Paradies" darstellte.

Herzstück ist die befestigte **Vila Vella,** die mittelalterliche Altstadt aus dem 13. Jahrhundert, die heute unter Denkmalschutz steht. Lauter enge Gassen und Treppen aus Naturstein schlängeln sich zur Burg hinauf. An der Ruine einer gotischen Kirche vorbei gelangt man zum **Leuchtturm** mit fantastischem Blick über das Städtchen und die Küste. Unterwegs lädt die **Bar Vila Vella** mit ihrer Terrasse dazu ein, die Atmosphäre bei Kaffee oder einem kühlen Drink auf sich wirken zu lassen (Passeig Vila Vella 4 · im Sommer 11–2 Uhr).

Im unteren Teil der Vila Vella befindet sich das **Museu Municipal** in einem spätgotischen Gebäude, das neben archäologischen Fundstücken aus römischer Zeit auch eine Sammlung mit Kunst des 20. Jahrhunderts beherbergt. Unter den Gemälden ist auch Chagalls „Himmlischer Violinist“ (▸ Seite 29). Um die Alt- und Neustadt mit zahlreichen Hotels, Restaurants und Läden verteilen sich schöne Strände. Besonders hübsch neben dem Hauptstrand **Platja Gran** sind die **Platja de Mar Menuda** und die etwas versteckte **Platja d'es Codolar** unterhalb der Burg. Wie inspirierend Tossa sein kann, kann man am letzten Sonntag im August feststellen, wenn der alljährliche Schnell-Mal-Wettbewerb stattfindet.

Lieblingsmotiv der Maler von Tossa de Mar: die Vila Vella

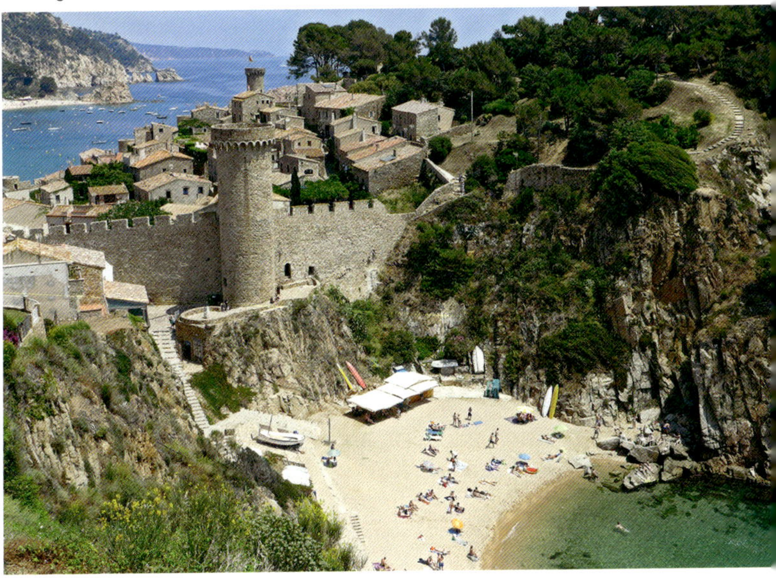

Tossa de Mar – Sant Feliu de Guíxols

3 Durch die grünen Berge des Ardenya-Massivs

Start	Ziel	Länge	Gehzeit
Tossa de Mar	Sant Feliu de Guíxols	21,5 km	6,5 Std.

Die Steilküste zwischen Tossa und Sant Feliu ist einer der spektakulärsten Abschnitte der Costa Brava. Nicht zufällig stand sie Pate für den Namen „wilde Küste". Einen Vorgeschmack davon vermittelt der atemberaubende Weg zur Cala Pola. Danach wird das Gelände allerdings unpassierbar, sodass man einen weiten Bogen durchs Hinterland machen muss. Hier schlängelt sich der GR 92 durch einsames Waldgebiet mit Pinien, Kork- und Steineichen bis auf rund 500 Meter hinauf, bevor es in unzähligen Kurven nach Sant Feliu de Guíxols hinuntergeht. Es empfängt einen ein unaufgeregtes Städtchen, das sich trotz Jachthafen und beliebter Strände viel Lokalkolorit erhalten hat.

Von Pinien gesäumt führt der lange Weg nach Sant Feliu de Guíxols

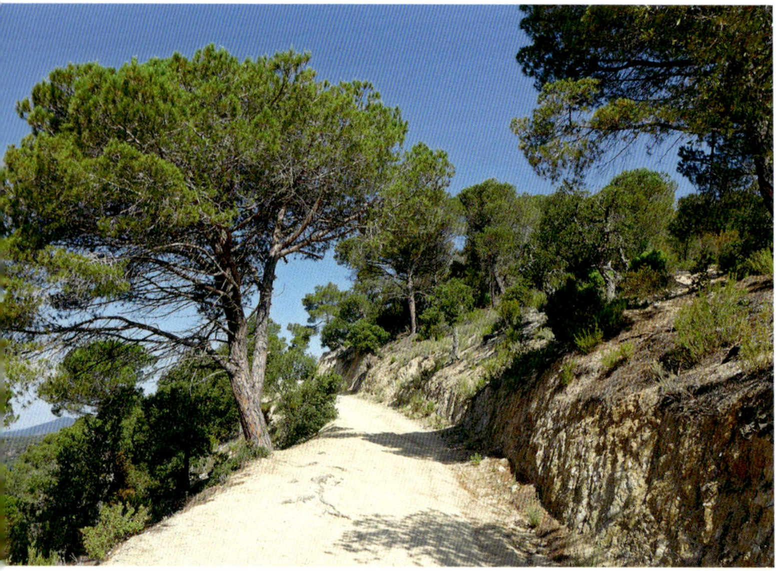

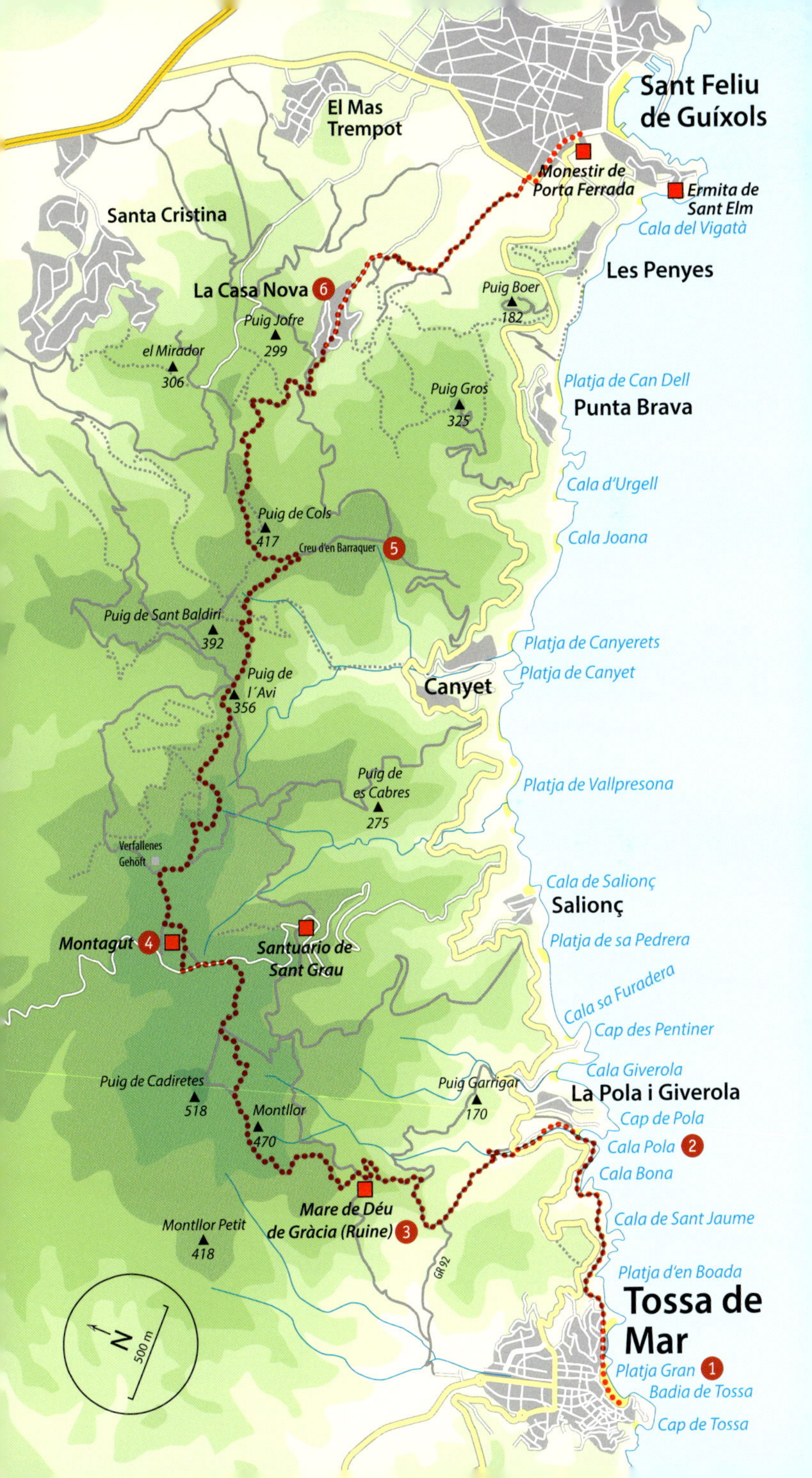
Sant Feliu de Guíxols
El Mas Trempot
Monestir de Porta Ferrada
Ermita de Sant Elm
Cala del Vigatà
Santa Cristina
Les Penyes
La Casa Nova 6
Puig Boer 182
Puig Jofre 299
el Mirador 306
Platja de Can Dell
Puig Gros 325
Punta Brava
Cala d'Urgell
Puig de Cols 417
Creu d'en Barraquer 5
Cala Joana
Puig de Sant Baldiri 392
Platja de Canyerets
Platja de Canyet
Puig de l´Avi 356
Canyet
Puig de es Cabres 275
Platja de Vallpresona
Verfallenes Gehöft
Cala de Salionç
Salionç
Montagut 4
Santuario de Sant Grau
Platja de sa Pedrera
Cala sa Furadera
Cap des Pentiner
Cala Giverola
Puig de Cadiretes 518
Puig Garrigar 170
La Pola i Giverola
Montllor 470
Cap de Pola
Cala Pola 2
Cala Bona
Mare de Déu de Gràcia (Ruine) 3
Cala de Sant Jaume
Montllor Petit 418
GR 92
Platja d'en Boada
Tossa de Mar
N
500 m
Platja Gran 1
Badia de Tossa
Cap de Tossa

Infos zur Tour

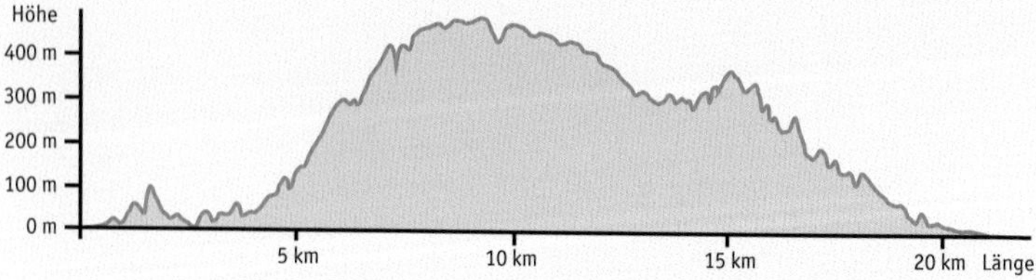

Anfahrt nach Tossa de Mar
Bus: Mit dem Bus vom Flughafen oder dem Zentrum von Barcelona nach Tossa de Mar, mehrmals tgl., ca. 70–120 Min. (Sarfa ▶ Seite 139)

Schiffsverbindungen
Dofi Jet Boats
972 36 20 21 · www.dofijetboats.com · Ostern–Okt.
Ausflugsdampfer verkehren in der Saison zwischen Lloret, Tossa und der Bucht Cala Canyelles.

Information Tossa de Mar
Oficina de Turisme
Avinguda Pelegrí 25 · Ed. La Nau · 17320 Tossa de Mar · 972 34 01 08 · www.infotossa.com

Streckenverlauf
Tossa de Mar – Cala Pola – Ermita Mare de Déu de Gràcia – Montagut – Puig de l'Avi – Creu d'en Barraquer – La Casa Nova – Sant Feliu de Guíxols

Streckencharakteristik
Im ersten Abschnitt sehr reizvoller Pfad an der Küste, danach eine lange Etappe durch mediterranes Waldgebiet

Schwierigkeit
Mittel, sehr lang, viele Steigungen

Für Kinder
Nein

Beschilderung
GR 92 und lokale Ausschilderung

Baden
An der Cala Bona und Cala Pola

Übernachten in Sant Feliu de Guíxols
Can Segura
Sant Pere 11 · 17220 Sant Feliu de Guíxols · 972 32 10 09 · www.cansegurahotel.com · im Winter z. T. geschlossen
Freundliches, kleines 2-Sterne-Hotel mit mediterranem Flair und kleinem Innenhof, 50 Meter vom Strand entfernt. Sehr gutes Restaurant.
(DZ ab 70, Frühstück 9 €)

Hostal del Sol
Ctra. de Palamós 194 · 17220 Sant Feliu de Guíxols · 972 32 01 93 · www.hostaldelsol.cat
Charmantes 3-Sterne-Hotel im Jugendstil im Stadtzentrum. Die Innenbereiche sind etwas altmodisch. Dafür kann man sich im Garten mit

Schwimmbad erholen.
(Ostern–Mitte Okt. DZ mit Frühstück 65–130 €)

Einkehren in Sant Feliu de Guíxols

Can Segura
Im Hotel Can Segura (▶ Übernachten in Sant Feliu de Guìxols) · tgl. 13–16, 20–23 Uhr, im Winter z. T. geschlossen
Schöne, mit Meeresmotiven dekorierte Innenräumen und einladende Terrasse, günstig und sehr schmackhaft.

Tinglado Café
Escullera del Port · Jachthafen Sant Feliu · 17220 Sant Feliu de Guíxols · 972 82 26 05 · www.cnsfg.cat · 9–18 Uhr, z. T. auch wesentlich länger
Nettes Lokal im ehemaligen Eisenbahnschuppen des Jachthafens. Bei kühlem Bier, Cocktails, Kaffee, Tapas oder anderen Schmankerln fällt der Blick auf museumsreife Lokomotiven.

Einkehren unterwegs

An der Cala Bona und Cala Pola gibt es in der Saison Strandkioske.

Sehenswertes

Museu d'Història de la Joguina (Spielzeugmuseum)
Rambla Vidal 48–50 · 17220 Sant Feliu de Guíxols · www.museudelajoguina.cat · Mitte Juni–Mitte Sep. tgl. 10–13 und 17–21, So/Fei 11–14 Uhr, sonst Di–Fr 10–13 und 16–19, Sa bis 20, So/Fei 11–14 Uhr · Eintritt 5 €, erm. 3,50 €
In einem alten Palast aus dem 19. Jahrhundert mit alten Möbeln und Mosaiken zeigt das Spielzeugmuseum eine Sammlung von 6 500 Objekten.

Monestir de Porta Ferrada
Plaça del Monestir · 17220 Sant Feliu de Guíxols
Keimzelle und Wahrzeichen von Sant Feliu ist das nach seinem Eingangstor „Eiserne Pforte" genannte Benediktinerkloster, das bis aufs 10. Jahrhundert zurückgeht und sogar auf römischen Fundamenten ruhen soll. In einem Teil des Klosters ist vor einigen Jahren die Kunstsammlung von Carmen Thyssen untergebracht worden. Nach dem Kloster ist auch das Festival de Porta Ferrada benannt, das alljährlich im Hochsommer mit Konzerten klassischer sowie Pop-, Rock- und Weltmusik lockt.

Torre del Fum
Plaça Monestir · 17220 Sant Feliu de Guíxols · Sommer Di–Sa 10–13 und 17–20, So 10–13, Winter Mo–Fr 10–14.30, Sa 10–18, So/Fei 10–14 Uhr
Zum festungsartigen Kloster gehört auch der „Rauchturm". In romanischem Stil erbaut und später gotisiert, bietet er eine herrliche Aussicht.

Espai Carmen Thyssen
Palau de l'Abat · Plaça del Monestir · 17220 Sant Feliu de Guíxols · 972 82 00 51 · www.espaicarmenthyssen.com · Mitte Juni–Mitte Juli Mo–Fr 10–13 und 16–19, Sa/So/Fei 10–20 Uhr, Mitte Juli–Mitte Sep. tgl. 11–21 Uhr, Mitte Sep.–Mitte Okt. Mo–Fr 10–13 und 16–18, Sa/So 10–20 Uhr · Eintritt 7 €, erm. 5 €
In den Sommermonaten zeigt das Galerie-Museum wechselnde Ausstellungen mit Werken von Gauguin, Hopper, Kandinsky, Matisse und anderen Künstlern der Sammlung des Barons von Thyssen, die heute seiner Witwe Carmen gehört, die aus Sant Feliu stammt.

km 0–2 Von Tossa de Mar zur Cala Pola

Der Wanderweg GR 92 startet eigentlich am Ortseingang von Tossa. Man erreicht ihn vom Hauptstrand aus über die Avinguda de la Palma und die Rambla Pau Casals, die am Flüsschen und einem Sportplatz entlangläuft, bis rechts der Wanderweg bergauf führt. Viel spektakulärer ist allerdings die Variante, die an der Küste beginnt und wahrhaft atemberaubende Ausblicke gewährt. Auch wenn sie etwas schwieriger ist – die Anstrengung lohnt.

Man läuft am Hauptstrand **Platja Gran** 1 bis zum nördlichen Ende, wo kurz nach der Avinguda de la Mar Menuda in einer Kurve links ein Pfad abzweigt, der zum ausgeschilderten, etwa 100 Meter hohen Aussichtspunkt **Mirador de Sant Jaume** hinaufführt. Hat man den Blick zurück auf Tossa genossen, folgt man ein kleines Stück der Landstraße nach Sant Feliu, bis rechts ein stellenweise steiler Pfad zwischen Pinien die Steilküste hinunter zur **Cala Bona** führt. So eng die recht wilde Bucht ist, im Sommer findet hier noch ein Kiosk Platz. Auf der anderen Seite windet sich der Pfad dann wieder auf felsigem Terrain in die Höhe, bis man schließlich nach gut einer Stunde Wanderung zur schöneren Bucht **Cala Pola** 2 mit kristallklarem Wasser und einem relativ gut ausgestatteten Campingplatz gelangt. Hier besteht jetzt noch einmal Gelegenheit zu einem Sprung ins Meer.

Hier sollte man der Küste lieber nicht zu nahe kommen

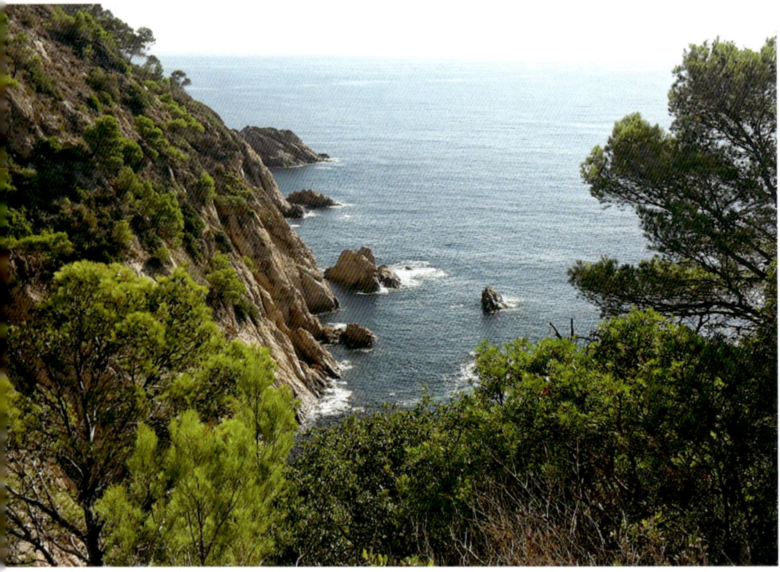

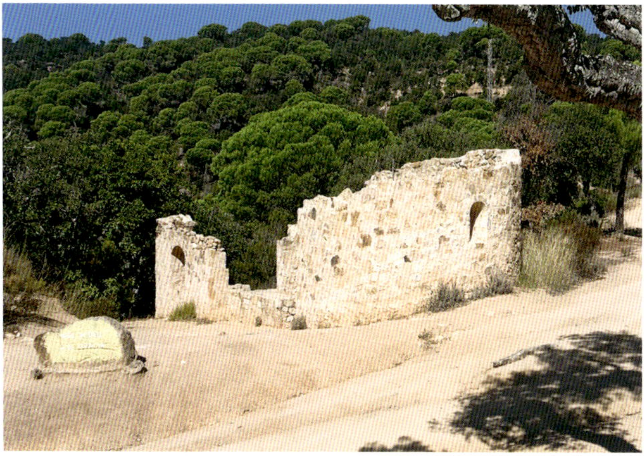

Die Ruine der Kapelle Mare de Déu de Gràcia

Von der Cala Pola zum Kreuzungspunkt Creu d'en Barraquer

km 2–15,5

Von nun an geht es ins Hinterland. Man läuft von der **Cala Pola** durch das Gelände des Campingplatzes zur Landstraße hinauf, überquert sie und wandert geradeaus weiter auf einem Waldweg. Gesäumt von Pinien und Steineichen führt er relativ steil bergauf in eine völlig andere Landschaft als an der Küste. Nach einer halben Stunde trifft man auf den Hauptweg GR 92, der von links über den **Coll del Sastre** von Tossa herkommt. Nach einer weiteren knappen Stunde gelangt man zur Ruine der Kapelle **Mare de Déu de Gràcia** **3**, die in völliger Einsamkeit inmitten von Korkeichen in etwa 250 Meter Höhe steht.

Hier geht es rechts weiter bergauf. Leider ist der Weg sehr schlecht ausgeschildert, sodass man leicht die Orientierung verliert. Zwar lohnt ein Abstecher zum Heiligtum **Santuario de Sant Grau d'Ardenya** mit Kirche und einer Bar – der Weg dorthin zweigt zwischendurch rechts ab –, doch wer sich nicht verlaufen oder einen Umweg riskieren möchte, folgt besser den spärlichen Markierungen des GR 92. Er führt an dem 518 Meter hohen Hügel **Puig de Cadiretes** entlang, wobei man den kleinen Gipfel links zwischen den Bäumen nur erahnen kann. Umso deutlicher erkennbar sind die vielen Relikte aus prähistorischer Zeit, die aus dem Korkeichenwald herausragen: Riesige, rundgewaschene Felsblöcke, Menhire und Dolmen, zeugen von einer jahrtausendealten Zivilisation. Nach dem Puig de Cadiretes gelangt man nach **Montagut** **4** mit Resten einer ehemaligen Burg. Dann führt der Weg weiter an einem verfallenen Gehöft vorbei und von da in etwa einer halben Stunde zum Kreuzungspunkt **Creu d'en Barraquer** **5**.

km 15,5–21,5 Vom Kreuzungspunkt Creu d'en Barraquer nach Sant Feliu de Guíxols

Hier gibt es wiederum mehrere Möglichkeiten, wobei die Hinweisschilder mit den Zeitangaben leider nicht ganz korrekt und verwirrend sind. Zur einen Seite zweigt der gelb markierte PR C-101 ab, der sich Sant Feliu von der Küste aus nähert und nur lückenhaft markiert ist. Auf diesem Weg gelangt man aber nicht wirklich zur Küste, kann sie hinter Grundstücken nur erahnen. Einfacher ist es, hier weiter auf dem rot-weiß markierten GR 92 zu bleiben, der einen in rund zwei Stunden durch mediterranes und sich zum Teil lichtendes Waldgebiet durch die Siedlung **La Casa Nova** 6 hindurch ins Herz von **Sant Feliu** bringt, wo man direkt auf das **Kloster Porta Ferrada** trifft.

Sant Feliu de Guíxols

Einst galt Sant Feliu de Guíxols als heimliche Hauptstadt der Costa Brava. Von seiner früheren Bedeutung zeugen einige schöne Jugendstilbauten rund um die Strandpromenade wie das **Casino de Constància** oder das **Xalet de la Punxes.** Heute ist das Städtchen im Vergleich mit den trubeligen Nachbarorten etwas ins Abseits geraten. Sein Charme erschließt sich aber, wenn man zum Beispiel an der **Platja de Sant Pol** mit ihren farbig bemalten Badehäuschen und alten Villen entlangschlendert oder durch das historische Zentrum mit der alten Markthalle läuft. Unterwegs kann man beim Spielzeugmuseum **Museu d'Història de la Joguina,**

Sant Feliu war schon in früheren Zeiten beliebte Sommerfrische

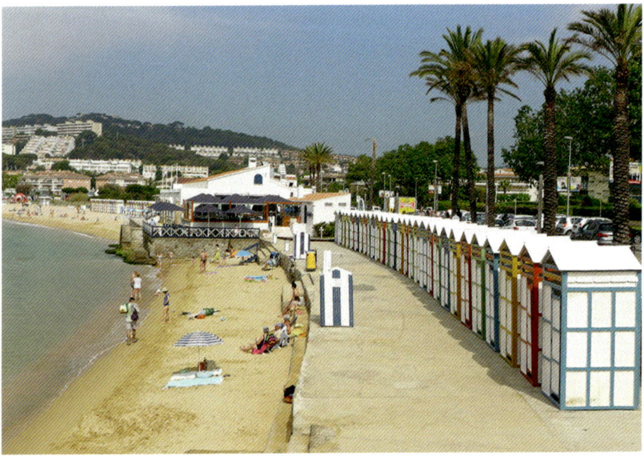

vorbeischauen, das in einem alten Palast allerhand liebenswerte Objekte aus früheren Zeiten versammelt hat (▸ Seite 37).

Wahrzeichen von Sant Feliu ist indessen die „Eiserne Pforte“ des Benediktinerklosters **Monestir de Porta Ferrada,** dessen Geschichte bis ins 10. Jahrhundert zurückreicht. Heute ist das Gebäude Teil des Stadtmuseums, in dem neben allerlei Kunstwerken vom Mittelalter bis zum 18. Jahrhundert archäologische Fundstücke zu sehen sind. Wer die **Torre del Fum,** den Rauchturm, besteigt, wird mit einer fantastischen Aussicht über die Stadt belohnt (▸ Seite 37).

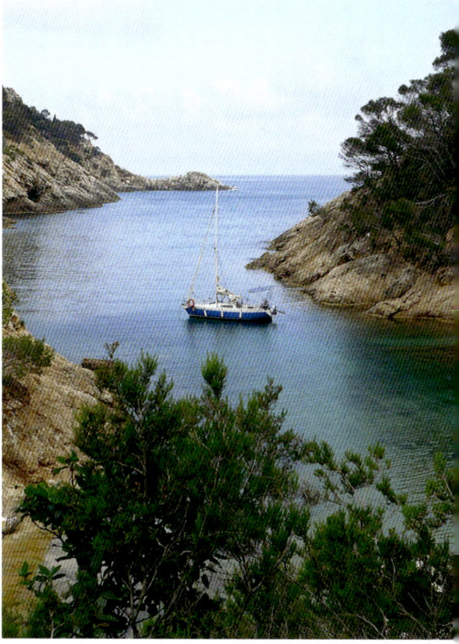

Rote Felsen zwischen den Stränden von Sant Feliu

Nach der Klosterpforte ist im Übrigen auch das Festival de Porta Ferrada benannt, das alljährlich im Hochsommer mit Konzerten klassischer sowie Pop-, Rock- und Weltmusik und anderen Darbietungen für Auftrieb sorgt. In einem anderen Teil des Klosters ist vor einigen Jahren der **Espai Carmen Thyssen** untergekommen. In den Sommermonaten zeigt er in wechselnden Ausstellungen Werke von Gauguin, Hopper, Kandinsky, Matisse und anderen Künstlern aus der Sammlung der Baronin von Thyssen (▸ Seite 37).

Unweit davon erhebt sich an der Strandpromenade ein hübsches, **Casa de Salvament** genanntes Haus, in dem früher Schiffbrüchige unterkamen. Heute ist es Teil des Stadtmuseums und lädt im Sommer mit seiner kleinen Bar auch zu einer Verschnaufpause mit schönem Blick auf den Jachthafen ein (Passeig del Fortim 1). Noch schöner ist die Aussicht, die die Einsiedelei **Ermita de Sant Elm** auf dem 100 Meter hohen Puig Castellar am südlichen Ende der Stadt bietet. Sie soll den katalanischen Journalisten **Ferran Agulló** 1908 zur Beschreibung der Landschaft als „wilde Küste“ inspiriert haben.

Sant Feliu de Guíxols – Palamós

4 Postkartenstrände, ein Mini-Las Vegas und die Hochburg der Gambas

Start	Ziel	Länge	Gehzeit
Sant Feliu de Guíxols	Palamós	17 km	5 Std.

Verglichen mit der anstrengenden Etappe von Tossa nach Sant Feliu ist diese eher ein ausgedehnter Spaziergang. Meist geht es auf dem sehr gut ausgebauten Camino de Ronda am Meer entlang, der auch bei Tagesausflüglern beliebt und mitunter stark frequentiert ist. Dabei passiert man das exklusive Villenviertel S'Agaró, das ganz und gar nicht exklusive Platja d'Aro, eine Art kleines Las Vegas, dann wieder unzählige wunderbare Buchten sowie das äußerst fotogene Cap Roig. Bei dieser Etappe kann man sich Zeit lassen und die Landschaft genießen. Hauptsache, man ist rechtzeitig in Palamós, wenn dort im Hafen die nachmittägliche Fischauktion vonstatten geht!

Auch bei Spaziergängern beliebt: der Küstenwanderweg bei Platja d'Aro

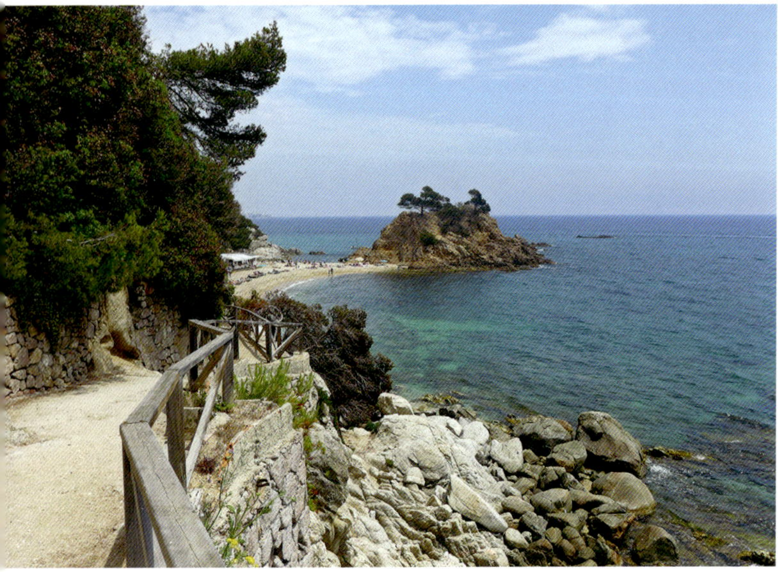

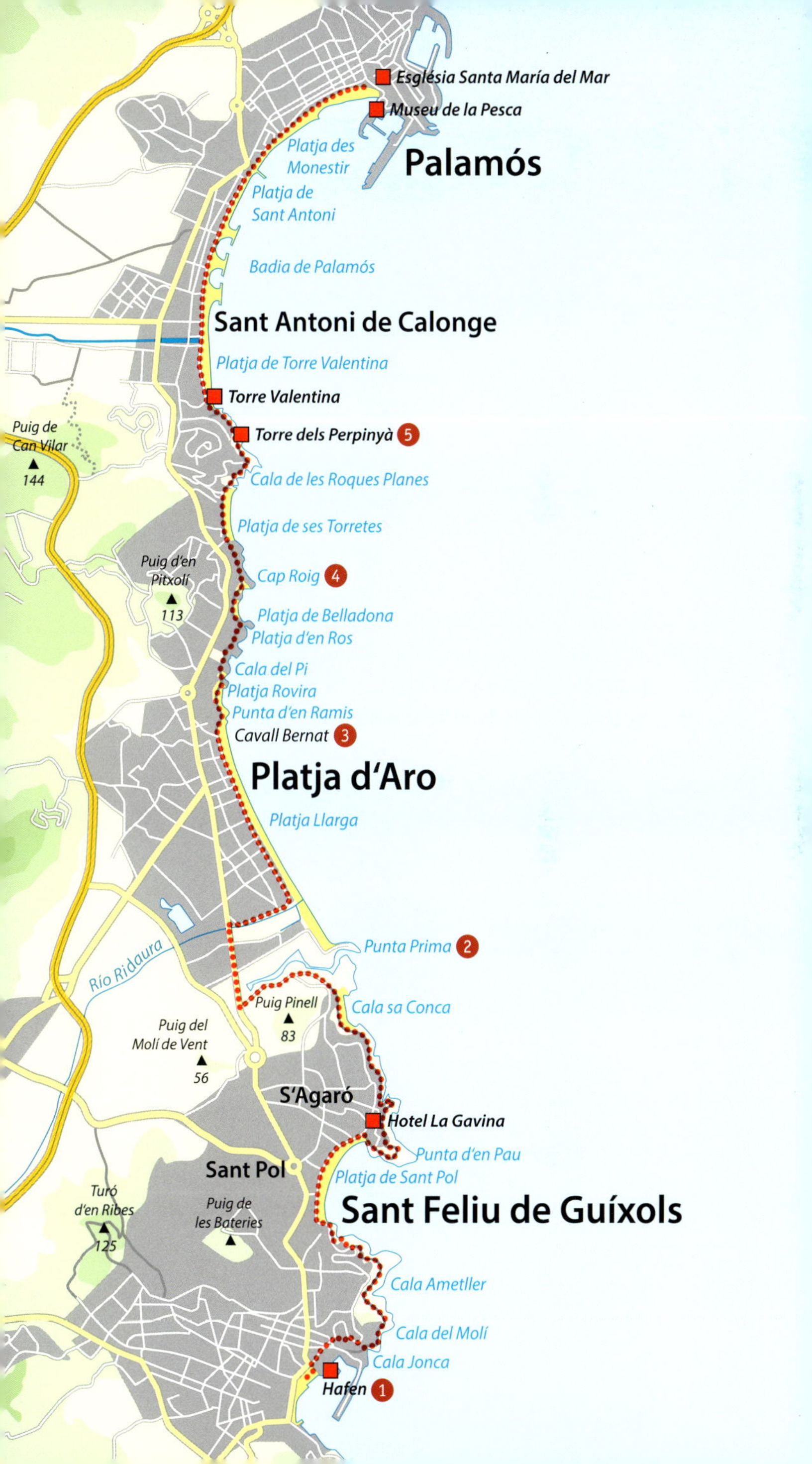

Església Santa María del Mar
Museu de la Pesca
Platja des Monestir
Palamós
Platja de Sant Antoni
Badia de Palamós
Sant Antoni de Calonge
Platja de Torre Valentina
Torre Valentina
Puig de Can Vilar
144
Torre dels Perpinyà 5
Cala de les Roques Planes
Platja de ses Torretes
Puig d'en Pitxolí
113
Cap Roig 4
Platja de Belladona
Platja d'en Ros
Cala del Pi
Platja Rovira
Punta d'en Ramis
Cavall Bernat 3
Platja d'Aro
Platja Llarga
Punta Prima 2
Río Ridaura
Puig Pinell
83
Cala sa Conca
Puig del Molí de Vent
56
S'Agaró
Hotel La Gavina
Punta d'en Pau
Sant Pol
Platja de Sant Pol
Sant Feliu de Guíxols
Turó d'en Ribes
125
Puig de les Bateries
Cala Ametller
Cala del Molí
Cala Jonca
Hafen 1

Infos zur Tour

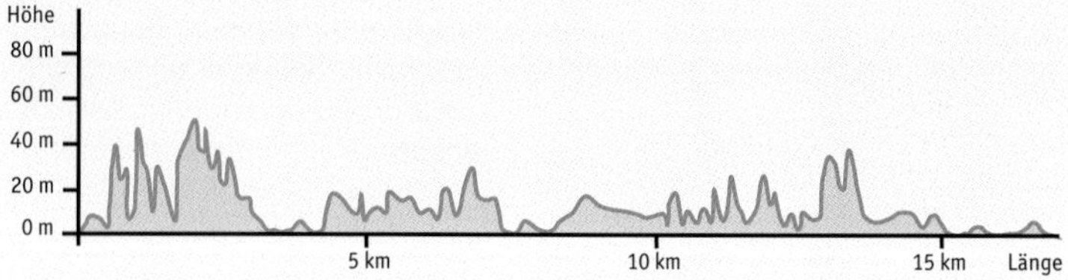

Anfahrt nach Sant Feliu

Bus: Estació d'Autobusos · Camí dels Enamorats 24 · 17220 Sant Feliu de Guíxols · 972 32 41 93

Busverbindungen vom Flughafen oder Zentrum von Barcelona und Girona nach Sant Feliu sowie zu Nachbarorten (Sarfa oder Teisa ▸ Seite 139).

Schiffsverbindungen

Magic Boats

972 34 16 24 · www.magicboats.info

Ausflugsdampfer verkehren zwischen Sant Feliu de Guíxols und Tossa.

Information Sant Feliu

Oficina de Turisme

Plaça del Monestir 28 · 972 82 00 51 · www.visitguixols.com

Streckenverlauf

Sant Feliu de Guíxols – Platja de Sant Pol – S'Agaró – Platja d'Aro – Cap Roig – Torre Valentina – Sant Antoni de Calonge – Palamós

Streckencharakteristik

Gut ausgebaute Küstenwege

Schwierigkeit

Einfach

Für Kinder

Ja

Beschilderung

GR 92, Camino de Ronda und lokale Ausschilderung

Baden

Viele kleine Buchten und Strände

Übernachten in Palamós

Hotel Ancora

Josep Pla 43 · 17230 Palamós · 972 31 48 58 · www.hotelancora.net

Wer noch ein Stück weiterwandern kann, kommt hier an der schönen Bucht La Fosca in einem gepflegten Familienhotel mit 3-Sterne-Komfort mit Garten, Schwimmbad, gutem Restaurant und kleiner Minigolfanlage unter. Auch Drei- und Vierbettzimmer. (DZ mit Frühstück ab 65 €)

Hotel Trias

Passeig del Mar · 17230 Palamós · 972 60 18 00 · www.hoteltrias. com

Im ersten Haus am Platz in zentraler Lage kann man sich rundum wohlfühlen. Dazu tragen die rund 80 eleganten Zimmer sowie der Garten mit Schwimmbad bei. Neben dem schicken Restaurant „La Corniche" mit gleichnamigem Beach Club bietet auch das

Hotelrestaurant gute Menüs ab 13 €. (DZ mit Frühstück 60–230 €)

Einkehren in Palamós

Entre dos Mons

Tauler i Servià 21 · 17230 Palamós · 972 315 289 · www.entredosmons.es · Sommer Mo–Mi 19–23, Do–So 12–15, Winter Mi–So 13.30–15.30 und 20.30–22.30 Uhr

Wer sich unterwegs etwas ganz Besonderes gönnen will, kann hier den frischen Fisch von Palamós in Form einer kreativen peruanisch-katalanischen Fusions-Küche genießen. Dazu bieten sich auch die Mittagsmenüs ab 20 € an.

Palamós Petit Bar

Platja de Palamós · 17230 Palamós · 972 31 60 43 · ab 10 Uhr

Die Bar unweit von der Fischbörse am Hafen ist genau das Richtige für eine kleine Stärkung zwischendurch oder einen abendlichen Aperitif. Aber es gibt auch ganze Menüs mit frischen Gambas und anderen Leckereien.

Einkehren unterwegs

Unterwegs gibt es zahlreiche Strandkioske und andere Lokale.

Sehenswertes

Hotellegende Hostal de La Gavina

Pza. Rosaleda · 17248 S'Agaró

Kurz nach Sant Feliu de Guíxols, im Ortsteil S'Agaró erhebt sich das „Hostal de La Gavina“ in exponierter Lage an der Bucht Sa Conca. Mit dem Wanderrucksack auf dem Rücken wird man in der Nobelherberge eher nicht übernachten wollen, doch es lohnt, einen Blick in das verspielte Haus mit Garten, Pool und Tennisplatz zu werfen, das den Mythos Costa Brava mitbegründet hat. In den 1920er-Jahren erbaut, weilten hier nicht nur Stars wie Ava Gardner, Elizabeth Taylor, Sean Connery, Robert de Niro oder Jack Nicholson, hier wurden auch Hollywoodfilme von Orson Welles und anderen gedreht. Heute ist es eine beliebte Hochzeits-Location.

Museu de la Pesca (Fischereimuseum)

Moll Pesquer/Plaça Paisos Catalans · 17230 Palamós · www.museudelapesca.org · Mai/Juni/Sep. Mo–Fr 10–13.30 und 15–19, Sa/So 10–14 und 16–19 Uhr, Juli/Aug. tgl. 10–21, Okt.–Apr. Di–Fr 10–13.30 und 15–19, Sa/So/Fei 10–14 und 16–19 Uhr

Im Fischereimuseum gibt es – gleich neben der Halle, wo der Fisch versteigert wird – eine sehenswerte Ausstellung über den Haupterwerbszweig der Stadt. Außerdem finden hier auch Kochkurse und andere Events zum Thema Fisch statt.

Carnaval de Palamós

In Katalonien ist Palamós für seinen ausgelassenen Karneval bekannt, der etwa eine Woche lang mit Straßenumzügen, viel Essen, Tanz und Alkohol begangen wird.

Stadtfest in Palamós

Hoch her geht es beim Stadtfest, der *festa major* von Palamós, die um den 24. Juni herum eine Woche lang mit Live-Musik, Sardana-Tanz, Kinderspielen, Auftritten der traditionellen Riesen-Figuren und einem abschließenden Feuerwerk gefeiert wird.

km 0–10 Von Sant Feliu nach Platja d'Aro

Zunächst läuft man von der Strandpromenade zur Carretera de Sant Pol, biegt dann rechts in den Carrer de la Guardiola und wieder links in den Carrer Sud ab, sodass man um den **Hafen** 1 herum zur **Cala Jonca** gelangt. Von dort aus geht es auf einem spektakulären Pfad immer am Meer entlang. Nach einigen schönen Buchten wie der **Cala Ametller** erreicht man den Stadtteil **Sant Pol** mit dem gleichnamigen Strand. Schon dieses erste Stück ist fantastisch: Steilküste mit rotschimmernden Felsen, von denen sich Pinien über das türkisblaue Wasser neigen. Einige Mutige üben sich hier auch im Klettern, während unter ihnen das eine oder andere Boot auf dem Meer schaukelt. Auch der Strand von Sant Pol mit seinen alten, liebenswerten Badehäuschen und einigen schönen Villen, die die Strandpromenade säumen, ist sehenswert.

Je näher man der Siedlung **S'Agaró** am nördlichen Ortsende kommt, desto exklusiver wird es. Noch vor der wunderschönen Bucht **Sa Conca** erhebt sich auf einem Vorsprung das legendäre Nobelhotel **La Gavina** aus den Anfangszeiten des Tourismus an der Costa Brava, wo unter anderen Frank Sinatra und Ava Gardner weilten und zum Ruhm der Küste beitrugen (► Seite 45). Bereits um 1916 hatte der katalanische Architekt Rafael Masot den Küstenwanderweg im typischen Stil des Noucentisme mit schönen Aussichtspunkten für die Hotelgäste angelegt, auf dem die Schönen und Reichen lange Zeit unter sich blieben.

Inzwischen geht es auf dem bequem ausgebauten Weg nicht mehr ganz so elitär zu. Und kurz darauf erwartet einen sogar ein totales Kontrastprogramm: Hat man die **Punta Prima** 2 umwandert, wo man

Und wieder lockt eine Bucht zum Bad im Mittelmeer

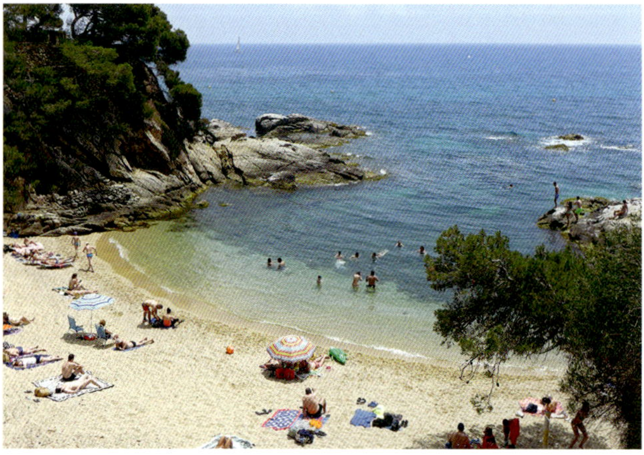

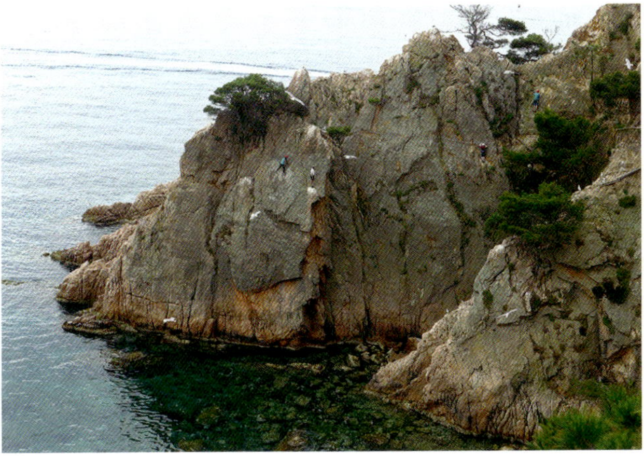

Die Felsbuchten um Sant Feliu laden Mutige zum Klettern ein

ein kleines Naturschutzgebiet mit einem Kanal umgehen, auf einer Brücke den Fluss **Río Ridaura** überqueren und dafür ein kurzes Stück auf der Straße nach **Platja d'Aro** hineinlaufen muss, bekommt man einen Vorgeschmack von dem Ferienort. Entlang der langgezogenen Bucht ist ein kleines Las Vegas gewuchert mit unzähligen Hotels, Apartmenthäusern, Lokalen und Supermärkten, die zweifelhaftes Flair verbreiten. Zum Glück lässt einen der Weg gleich wieder am Flüsschen Ridaura entlang zum kilometerlangen Sandstrand gelangen. Kurz vor seinem nördlichen Ende kann man das Wahrzeichen von Platja d'Aro bewundern: den sieben Meter hohen Felsen **Cavall Bernat** 3, der entfernte Ähnlichkeit mit einem sich aufbäumenden Pferd – katalanisch *cavall* – hat.

Von Platja d'Aro nach Palamós

km 10–17

Nach dem emblematischen Felsen und der **Punta d'en Ramis** erwartet einen eine Abfolge von kleinen, von Pinien eingefassten Buchten mit meist goldgelbem Sand – **Platja Rovira, Cala del Pi, Platja d'en Ros, Platja de Belladonna** – eine schöner als die andere, sodass man am liebsten überall pausieren und – bei entsprechendem Wetter – ins Wasser springen möchte. Besonders fotogen ist die Bucht vor dem rotbraunen Felsvorsprung **Cap Roig** 4, dem „roten Kap". Mitunter ist der Pfad hier nicht mehr ganz so bequem und erfordert erhöhte Aufmerksamkeit sowie gute Schuhe. Je nach Zustand muss man beim Hotel „Cap Roig" auch kurz auf die Straße ausweichen, die unmittelbar oberhalb der Buchten verläuft und dann beim nächsten Campingplatz

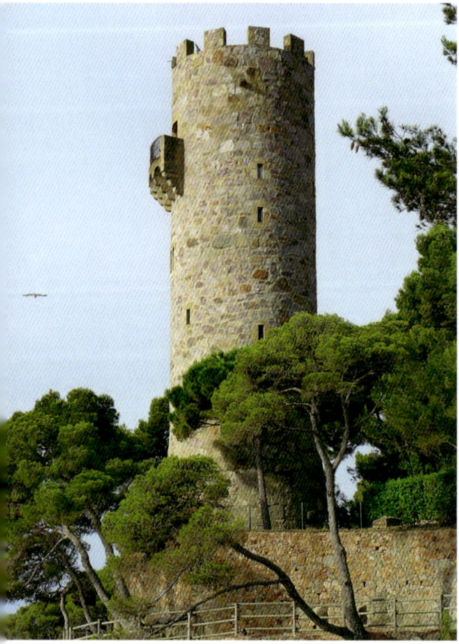
Die Torre dels Perpinyà ist eine Nachbildung

auf der Rampe wieder zur **Platja de ses Torretes** hinunterlaufen.

Einmal geht es auch durch einen Tunnel unter Apartmenthäusern durch. Nach weiteren spektakulären Buchten wie der **Cala de la Roca del Paller** und der **Cala de les Roques Planes** markiert die **Torre dels Perpinyà** 5, Nachbildung eines typischen mittelalterlichen Wachturms, den Übergang zu den gänzlich flachen Stränden an der weiten Bucht von **Sant Antoni de Calonge.** Unmittelbar vor der Fassade eines großen Hotels am Anfang des Strands steht der unauffälligere, historische Turm **Torre Valentina** aus dem 16. Jahrhundert. Hier geht es jetzt gemütlich auf oder neben der etwa vier Kilometer langen Strandpromenade bis nach **Palamós.** Beide Siedlungen gehen quasi ineinander über, wobei die Skyline von acht- bis zehnstöckigen Häusern mit der sehr viel traditionelleren Bebauung von Palamós kontrastiert. An ihr kann man ablesen, dass Palamós mit seinem bedeutenden Hafen sehr viel älteren Datums ist als der benachbarte, relativ gesichtslose Neuankömmling.

Palamós

Noch heute ist Palamós ein typisches Hafenstädtchen, das traditionell vom Fischfang lebt. Auch wenn es sich mit seinem Jachthafen und allerlei Kreuzfahrtschiffen, die hier vor Anker gehen, mehr und mehr dem (Wasser-)Tourismus geöffnet hat: In Katalonien wird es fast immer in einem Atemzug mit den Gambas genannt, die hier gefangen werden. Natürlich landet auch anderes Meeresgetier in den Netzen der Fischer und wird wochentags zwischen 17 und 20 Uhr bei der Fischauktion in der **Llotja de Mar,** der Meeresbörse, an Restaurants, Händler und private Kunden veräußert. Gleich daneben liegen dann die riesigen Netze zum Trocknen aus. Nicht zufällig wurde dem traditionellen Erwerbszweig auch das **Denkmal A la Gent del Mar** – für die Leute des Meeres – unweit von der Strandpromenade gewidmet. Und das **Museu de la Pesca,** das Fischereimuseum in einem alten Hafengebäude, erzählt sehr anschaulich von der Geschichte des alten Fischerorts bis in die heutige Zeit (▸ Seite 45). Im angeschlossenen **Espai del Peix** (www.espaidelpeix.org) kann man sogar in Workshops lernen, wie man aus dem Fisch köstliche Paellas, Carpaccios oder Tatakis zubereitet. Auch Feste wie die Meeresprozession zu Ehren der Jungfrau Carmen, der Schutzheiligen der Fischer, am 16. Juli stehen mit dem Thema Fischerei in Zusammenhang. Außerdem findet im Juni traditionell die Fira de la Gamba, eine Gamba-Messe mit allen möglichen Verköstigungen statt.

Hinter dem Hafen hat sich das historische Zentrum mit verwinkelten Gassen, der **Pfarrkirche Santa María del Mar** und dem Turm **Torre del Consell** erhalten, das so manchen Angriffen türkischer und anderer Piraten standgehalten hat. Der Turm war Teil der Stadtmauer und diente später dem Kirchturm als Fundament. In ihm versammelte sich einst der Stadtrat (*consell* heißt zu Deutsch „Rat"). Rund um den Hafen reihen sich indessen die Terrassen unzähliger Lokale aneinander, in denen sich Anwohner und Besucher die frischen Meeresfrüchte schmecken lassen.

Dass Palamós vom Fischfang lebt, ist unübersehbar

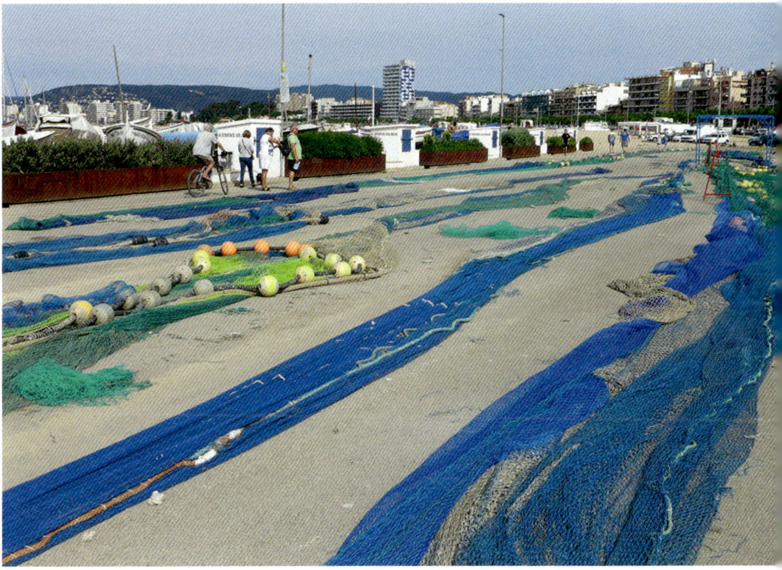

5

Palamós – Calella de Palafrugell

Zwischen Wildnis und Bilderbuchdorf

Start	Ziel	Länge	Gehzeit
Palamós	Calella de Palafrugell	10 km	4,5 Std.

Der Weg von Palamós nach Calella de Palafrugell gehört zu den reizvollsten, wenn auch wildesten Etappen. Er führt am wunderbaren Strand Platja de Castell vorbei, der glücklicherweise von jeglicher Bebauung verschont blieb. Danach geht es auf einem stark zerklüfteten Stück Steilküste an vielen hübschen Buchten vorbei in den Bilderbuchort Calella de Palafrugell, der beliebtes Fotomotiv ist und so manche Werbebroschüre der Costa Brava ziert. Wer Lust hat, kann sich unterwegs die Reste einer iberischen Siedlung ansehen oder einen kleinen Abstecher zur Barraca d'en Dalí machen, ein verrücktes kleines Haus, das für den Surrealisten errichtet wurde. Besonderes Highlight ist der Botanische Garten Cap Roig, der hoch über Calella liegt.

Beliebtes Fotomotiv: die kleine Fischersiedlung an der Cala s'Alguer

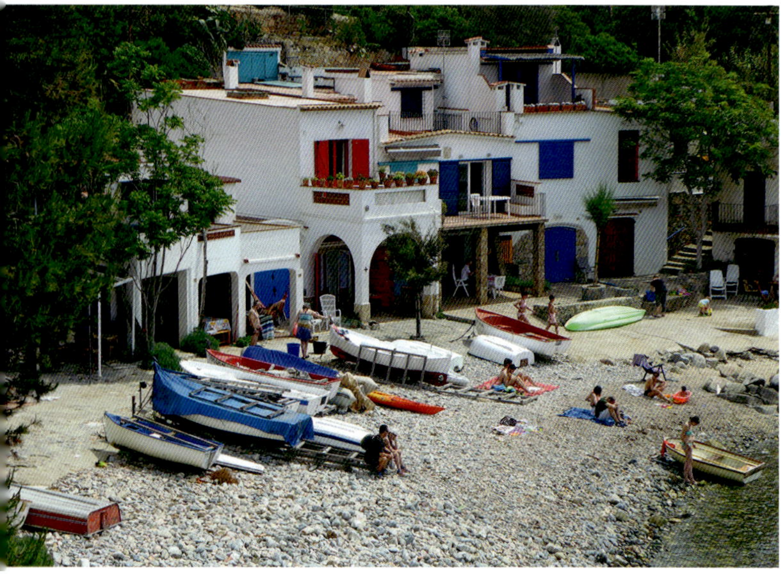

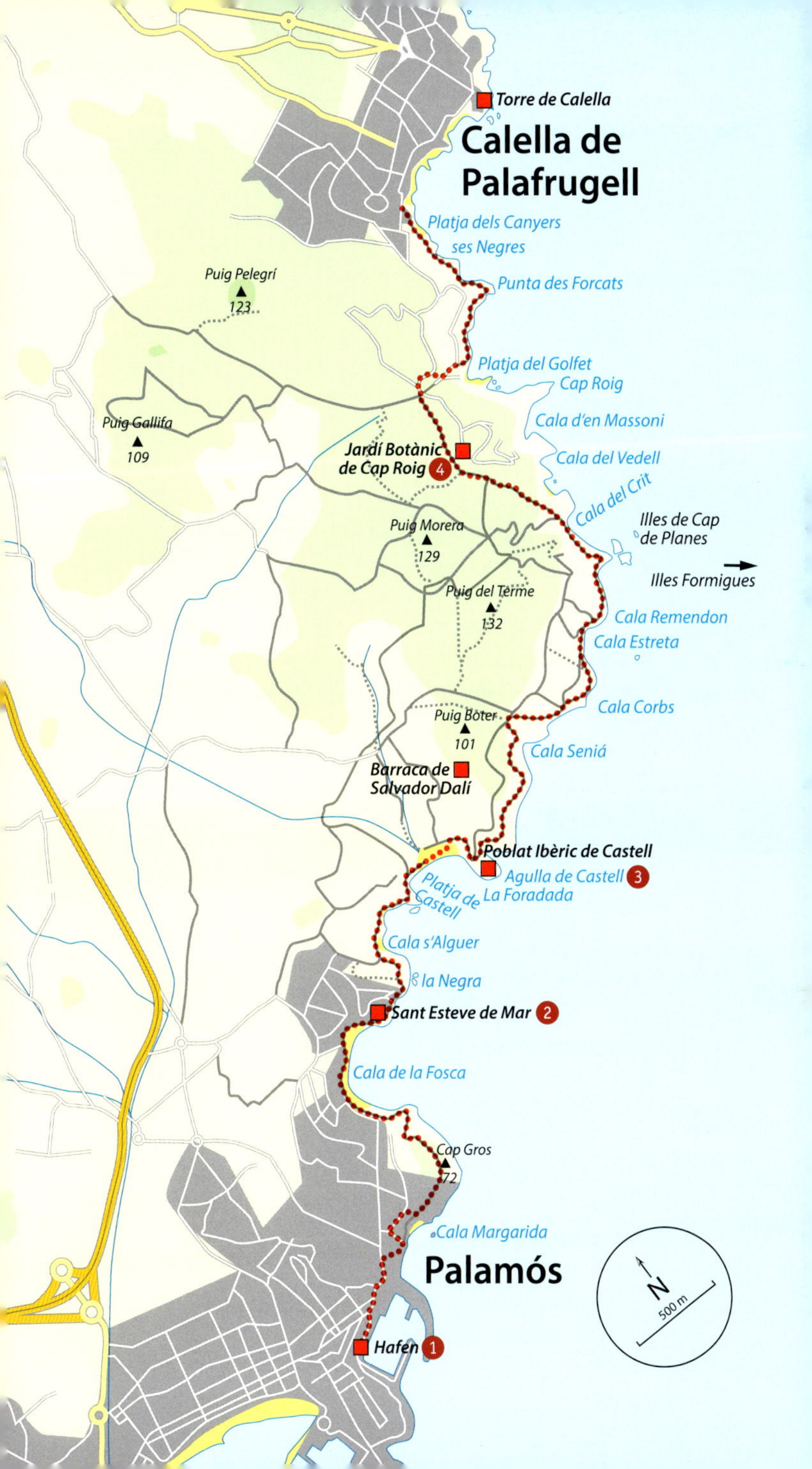
Torre de Calella
Calella de Palafrugell
Platja dels Canyers
ses Negres
Punta des Forcats
Puig Pelegrí
123
Platja del Golfet
Cap Roig
Cala d'en Massoni
Puig Gallifa
109
Jardí Botànic de Cap Roig 4
Cala del Vedell
Cala del Crit
Illes de Cap de Planes
Puig Morera
129
Illes Formigues
Puig del Terme
132
Cala Remendon
Cala Estreta
Cala Corbs
Puig Boter
101
Cala Seniá
Barraca de Salvador Dalí
Poblat Ibèric de Castell
Agulla de Castell 3
La Foradada
Platja de Castell
Cala s'Alguer
la Negra
Sant Esteve de Mar 2
Cala de la Fosca
Cap Gros
72
Cala Margarida
Palamós
N
500 m
Hafen 1

Infos zur Tour

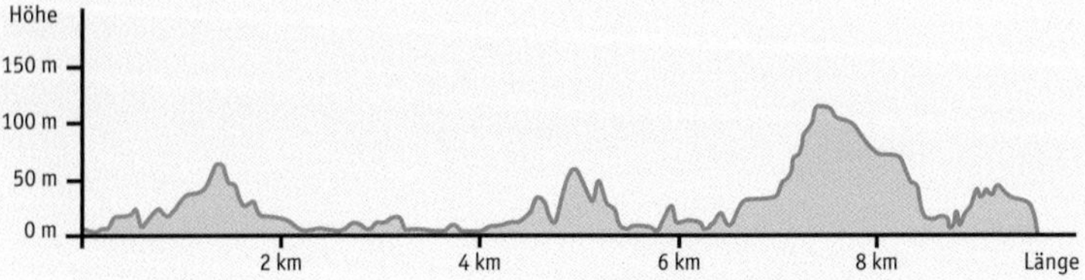

Anfahrt nach Palamós

Bus: Estació d'Autobusos · Carrer López i Puigcerver 14 · 17230 Palamós · 972 60 02 50
Busse verkehren von Barcelona, Girona und Nachbarorten wie Sant Feliu de Guíxols (Sarfa oder Teisa ▶ Seite 139)

Information

Oficina de Turisme
Strandpromenade Passeig del Mar · 17230 Palamós · 972 60 05 50 · www.visitpalamos.cat

Streckenverlauf

Palamós – Cala Margarida – Cap Gros – Cala de la Fosca – Platja de Castell – Cala Corbs – Cala Estreta – Jardí Botànic Cap Roig – Calella de Palafrugell

Streckencharakteristik

Abwechslungsreicher Weg an Stränden und bewaldeter Steilküste entlang mit einigen Steigungen

Schwierigkeit

Mittel

Für Kinder

Nur für sehr geschickte Kinder mit entsprechender Ausdauer

Beschilderung

GR 92 und lokale Ausschilderung

Baden

Cala d. l. Fosca, Platja de Castell, Platja del Golfet und weitere kleine Buchten

Übernachten in Calella de Palafrugell

Sant Roc
Plaça Atlàntic 2 · 17210 Calella de Palafrugell · 972 61 42 50 · www.santroc.com
Sehr gepflegtes 3-Sterne-Hotel mit langer Tradition in toller Lage. Es beeindruckt nicht nur mit dem Blick von der Terrasse und freundlichen Zimmern aus. Auch der Service und das Restaurant sind ausgezeichnet.
(Mitte Feb.–Anfang Nov. DZ ab 108 €)

Casa Calella
Codina 14 · 17210 Calella de Palafrugell · 608 12 06 01 · www.casacalella.com
Sehr charmante Bleibe in einem restaurierten Haus aus dem 19. Jahrhundert. Hier kommt man auch in der Hochsaison in stilvollen Zimmern und dem großen Garten zur Ruhe. Das Frühstück wird unter dem Zitronenbaum auf der Terrasse serviert.
(DZ mit Frühstück ab 100 €)

Einkehren Calella de Palafrugell

La Blava
Miramar 3 ·
17210 Calella de Palafrugell ·
972 61 41 60 ·
Ostern–Juni nur Fr/Sa, Juni–Okt. tgl. 13–15.45 und 20–22.45 Uhr
An der zentralen Bucht Port Bo wird hier in informeller Atmosphäre köstliche katalanische Küche serviert. Spezialität sind Reisgerichte, aber auch originelle Salatkreationen und die Kartoffeln nach La Blava-Art mit scharfer Sauce.

Einkehren in Llafranc

Casamar
Carrer del Nero 3–11 · 17211 Llafranc · 972 30 01 04 · www.hotelcasamar.net · Jan.–Ostern sowie So abends und Mo geschlossen
Wer es noch bis Llafranc schafft, kann sich dafür in dem traditionellen Familienhotel mit der Sterneküche des jungen Chefs Quim Casellas belohnen lassen, der die katalanische Küche auf ambitionierte Art interpretiert. Wie wäre es mit einer Paella mit Seeigeln und Blutwurst? Natürlich haben die kulinarischen Kunstwerke ihren Preis. Man kann hier auch übernachten. (DZ ab 75 €)

Sehenswertes

Jardí Botànic de Cap Roig
Camí del Rus ·
17210 Calella de Palafrugell ·
972 61 45 82 ·
Apr.–Sep. 10–20, Okt.–März 10–18, Jan./Feb. Sa/So 10–18 Uhr ·
Eintritt 8 €, erm. 3 €
Kein wissenschaftlich angelegter Botanischer Garten, sondern eher verspielter Gartentraum, angelegt im Renaissancestil in den 1920er-Jahren von dem Exilrussen Oberst Nikolai Voevodsky und der englischen Aristokratin Dorothy Webster. Um eine Burg herum ziehen sich Mönch-Terrasse, Bassin-Terrasse und der Garten der Verliebten mit Geranienallee und Kakteengarten bis zum Meer hinunter. Unterwegs begegnet man den Skulpturen internationaler Künstler.

Barraca d'en Dalí
Selbst die meisten Dalí-Fans kennen das kleine Häuschen mit der schief eingesetzten Tür nicht, das gut versteckt im Wald nördlich der Platja de Castell steht und einen kleinen Abstecher lohnt (▶ Seite 55, Wegbeschreibung ab Kilometer 4).

Festival de Cap Roig
Ein besonderes Highlight ist das Internationale Musikfestival Cap Roig. Im Botanischen Garten Jardí Botànic de Cap Roig (s. o.) finden von Mitte Juli bis Mitte August etwa zwei Dutzend Konzerte unter freiem Himmel statt mit Stars wie Katie Melua oder Eros Ramazotti. Informationen und Karten ab 20 € unter: www.caproigfestival.com

Havaneres-Gesänge
Am ersten Juliwochenende wird Calella zur Kulisse der Cantada d'Havaneres. Die melancholischen Havaneras-Gesänge sind dem Heimweh der früheren Kuba-Seefahrer entsprungen, die in der Karibik fern von der katalanischen Heimat ihr Glück suchten. Inzwischen ist das Spektakel so beliebt, dass Zigtausende dazu anreisen – entsprechend voll wird es in den Gassen rund um die Bucht Port Bo.

km 0–4 Von Palamós zur Platja de Castell

Vom **Hafen** ❶ von Palamós läuft man zunächst weiter am Wasser entlang, am Jachthafen und den letzten Ausläufern des Städtchens vorbei, bis man rechts einem Pfad zur **Cala Margarida,** einer traditionellen, hübsch anzusehenden Fischersiedlung hinunterfolgt. Hier führt zwischen den ersten Häusern eine kaum sichtbare steile Treppe zu dem Weg hinauf, der einen auf den **Cap Gros,** eine 72 Meter hohe Erhebung, bringt. Man muss hier gut aufpassen, dass man zwischen den Pinien die rot-weißen Markierungen nicht aus den Augen verliert.

Von hier oben sieht man dann schon unten den nächsten Strand, die **Cala de la Fosca** liegen, die von Hotels, Apartmenthäusern und Lokalen gesäumt wird. Über ein kleines Stück Steilküste gelangt man zu der weiten Bucht, die der **Roca Fosca** genannte Felsen in zwei Teile teilt. Man wandert um den Strand herum, an den Ruinen der mittelalterlichen Burg **Sant Esteve de Mar** ❷ vorbei, durch ein Pinienwäldchen und weiter zu der besonders malerischen Bucht **Cala s'Alguer** mit bunt bemalten Fischerhäuschen. Kurz darauf folgt die **Platja de Castell,** einer der schönsten Sandstrände der Küste, der 1994 per Referendum vor der massiven Bebauung gerettet werden konnte. Bei entsprechender Witterung wird man einem Bad kaum widerstehen können. In der Saison versorgen Kioske mit kühlen Getränken und Snacks.

Zum Glück blieb sie unverbaut: die Platja de Castell

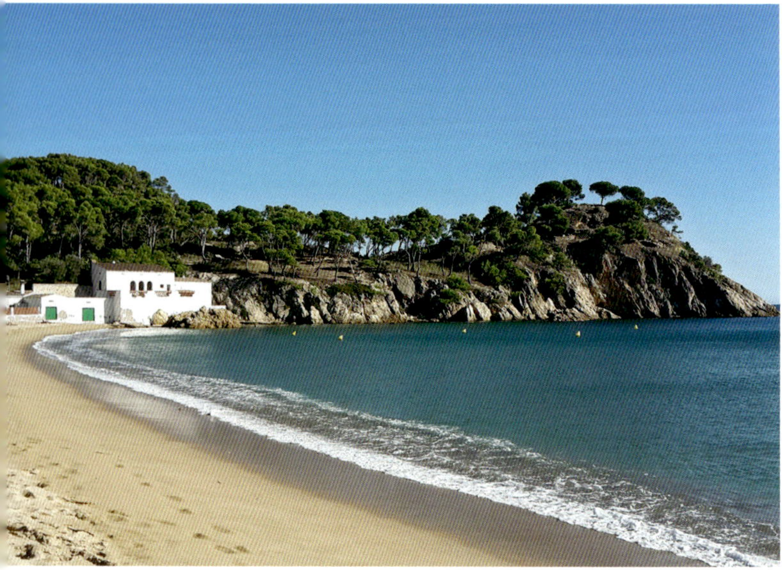

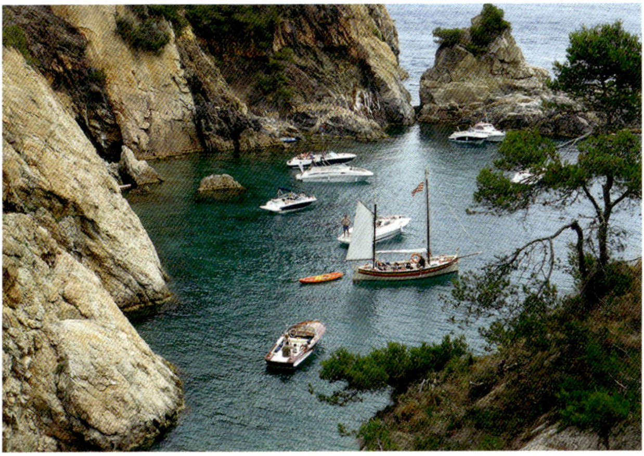

Blick hinab vom Poblat Ibèric

Von der Platja de Castell zum Jardí Botànic de Cap Roig

km 4–7,5

Jetzt empfiehlt es sich, statt auf dem offiziellen GR 92, der durch den Wald führt, auf dem Camino de Ronda weiterzuwandern, der zwar nicht so bequem, mitunter sogar etwas schwierig ist, aber an einem Stück spektakulärer Küste entlangführt. Neugierige können vorher noch dem GR 92 folgend einen kleinen Abstecher in den Wald machen, wo sich die **Barraca d'en Dalí** versteckt. Der exzentrische Multimillionär Alberto Puig Palau soll die Hütte mit der schiefen Tür für den Surrealisten errichtet haben, ohne dass der hier ein einziges Werk vollendete.

Zurück am nördlichen Ende der Bucht, läuft man dann zum Felsvorsprung **Agulla de Castell** 3 mit dem **Poblat Ibèric de Castell**, den Resten einer Iberer-Siedlung aus dem 6. Jahrhundert v. Chr. hinauf, unter der die Höhle **La Foradada** liegt. Von hier aus geht es oben weiter an der bewaldeten Steilküste entlang, wo sich immer wieder atemberaubende Ausblicke auf das Meer ergeben. Hinter einem Grundstück führt der Weg zu einigen sehr schönen, kleinen Buchten hinunter – alternativ kann man auch oben weiterlaufen, wenn man den Abstieg scheut.

Unten gehen rund um die **Cala Estreta** gleich mehrere Buchten ineinander über. Vor den kleinen sandigen Abschnitten liegen die **Illes de Cap de Planes** im Wasser, mehr oder weniger große Felsen, die in der Saison von Nudisten bevölkert werden. Davor liegen die „Ameisen" genannten, mythenumwobenen Inselchen **Illes Formigues.** Unter anderem soll hier die katalanische Armada im 13. Jahrhundert die

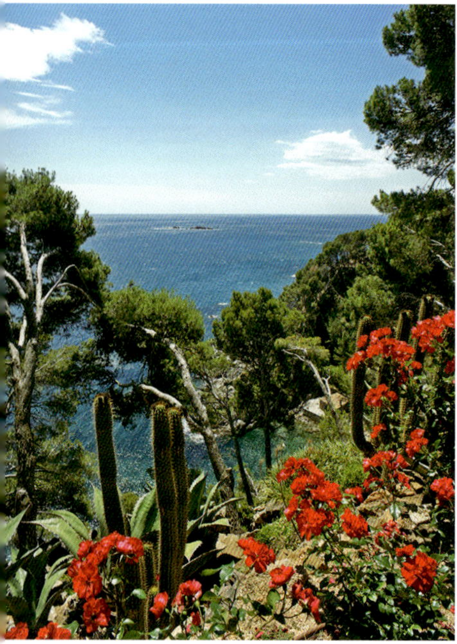

Gartentraum eines exzentrischen Paares

der Franzosen besiegt haben. Von hier wandert man in stetem Auf und Ab von einer Bucht zur anderen bis zur **Cala del Crit** mit einem Fischerhaus. Hier führt der Weg nun über eine Treppe wieder in den Steineichen- und Korkeichenwald hinauf. Nach dem steilen Aufstieg gelangt man wieder auf den GR 92 und auf breiterem Weg zum **Botanischen Garten Cap Roig** ❹.

Jardí Botànic de Cap Roig

Mit dem Botanischen Garten Cap Roig – benannt nach den rötlichen Felsen am Cap – ging in den 1920er-Jahren der Gartentraum des Exilrussen Oberst Nikolai Voevodsky und seiner Geliebten, der englischen Aristokratin Dorothy Webster, in Erfüllung. Im Renaissancestil angelegt, erstreckt sich der Park über mehrere Terrassen bis zum Meer hinunter. Hier beeindruckt weniger die Sammlung von Gewächsen als die romantisch-verspielte Atmosphäre. Rund um eine Burg verbindet eine Treppe verschiedene Terrassen und den Garten der Verliebten mit der Geranienallee und dem Kakteen-Garten. Über das 17 Hektar große Gelände verteilen sich auch Skulpturen internationaler Künstler. Im Juli und August wird der Garten zur Kulisse für das Internationale Musikfestival Cap Roig (▸ Seite 53).

km 7,5–10

Vom Jardí Botànic nach Calella de Palafrugell

Vom Botanischen Garten aus folgt man auf der Avinguda de la Costa Brava den rotweißen Markierungen und Hinweisschildern nach **Calella de Palafrugell,** die wieder in Richtung Meer führen. Rechter Hand gelangt man über eine Treppe zum Camino de Ronda hinunter, der schon in der Frühzeit des Tourismus sehr schön angelegt wurde und sich mit Tunneln in unzähligen Windungen, aber ohne größere Steigungen um Villen und Steilküste rund um die **Platja del Golfet** mit ihrem goldenen Sandstrand herumschlängelt. Nun ist es nicht mehr weit zum Bilderbuchdorf, das man schließlich beim Hotel Sant Roc von oben überblicken kann. Wer hier keine Unterkunft findet oder lieber in den kleineren Nachbarort **Llafranc** ausweicht, gelangt in etwa einer weiteren halbe Stunde auf dem ersten Abschnitt der 6. Etappe dorthin.

Calella de Palafrugell

Das kleine Dorf entspricht wirklich dem, was man gemeinhin unter malerisch versteht. An der Bucht mit goldgelbem Sand reihen sich weiße Häuser mit ihren Arkaden aneinander, davor liegen meist bunte Fischerboote wie für ein Fotoshooting arrangiert. All das gibt auch alljährlich am ersten Juli-Wochenende die Kulisse für die stimmungsvollen Havaneres-Gesänge ab, die an die Zeiten erinnern, als die Katalanen ihr Glück in der Karibik suchten und vor lauter Heimweh die wehmütigen Gesänge anstimmten.

Allerdings ist der Ort inzwischen von vielen wohlhabenden Katalanen bevölkert, die hier den Sommer in ihren Apartments oder Ferienhäusern verbringen. Das ließ auch die Preise steigen. Besonders voll wird es hier während des Internationalen Musikfestivals im Botanischen Garten (▸ Seite 53).

Im Sommer ist der Port Bo von Calella Kulisse des Havaneres-Festes

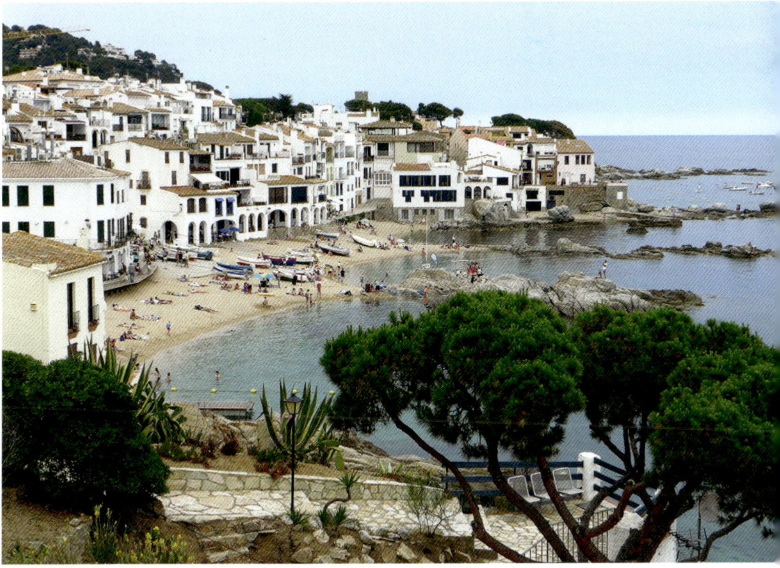

Calella de Palafrugell – Begur

6 Über Traumbuchten in die Hochburg der Katalanen

Start	Ziel	Länge	Gehzeit
Calella de Palafrugell	Begur	14 km	5 Std.

Auch diese Etappe gehört zu den Highlights des Küstenwanderwegs. Auf relativ kurzer Strecke bietet sie recht abenteuerliche Steilküste, malerische Orte, Aussichtspunkte mit atemberaubenden Panoramen und reizvolle Buchten, die mit glasklarem Wasser zum Baden und Picknicken einladen. Für all das sollte man sich genügend Zeit lassen und im Übrigen den mitunter nicht ganz einfachen Weg mit seinen vielen Auf- und Abstiegen nicht unterschätzen. Wem er zu anstrengend wird, der kann das letzte Stück verkürzen und von Tamariu aus geradeaus weiter nach Begur wandern.

Begur – Hochburg der katalanischen Schickeria

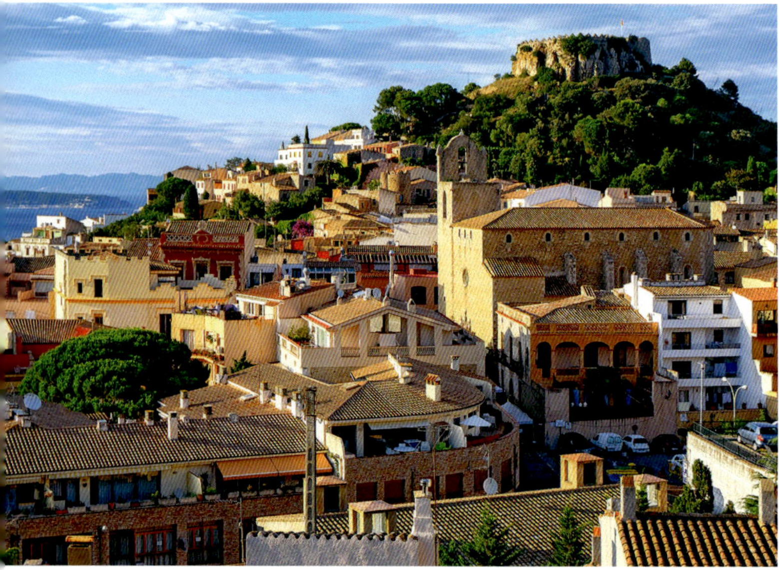

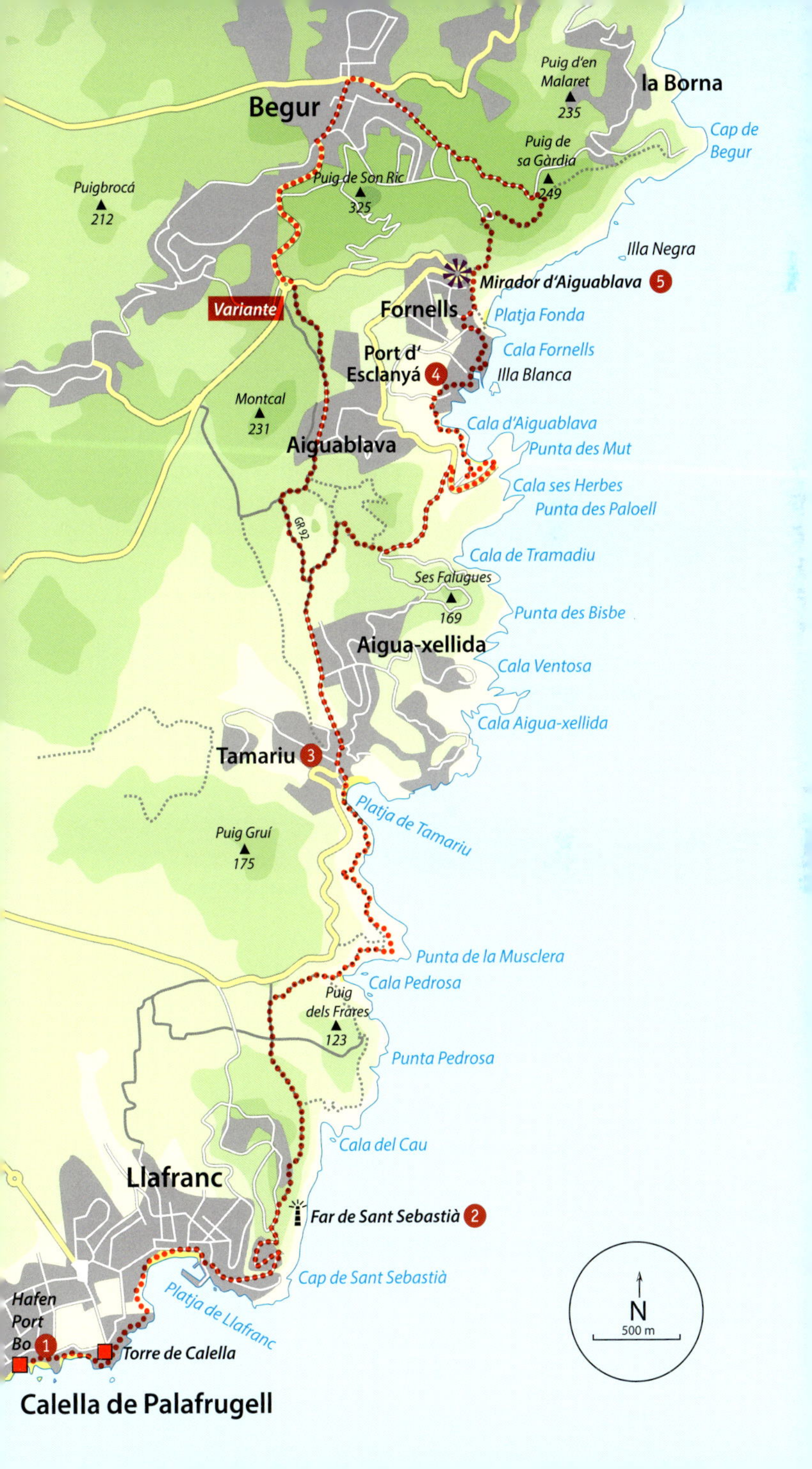
Begur
Puig d'en Malaret
235
la Borna
Cap de Begur
Puig de sa Gàrdia
249
Puig de Son Ric
325
Puigbrocá
212
Illa Negra
Mirador d'Aiguablava 5
Variante
Fornells
Platja Fonda
Cala Fornells
Port d' Esclanyá 4
Illa Blanca
Montcal
231
Cala d'Aiguablava
Aiguablava
Punta des Mut
Cala ses Herbes
Punta des Paloell
GR 92
Cala de Tramadiu
Ses Falugues
169
Punta des Bisbe
Aigua-xellida
Cala Ventosa
Cala Aigua-xellida
Tamariu 3
Platja de Tamariu
Puig Gruí
175
Punta de la Musclera
Cala Pedrosa
Puig dels Frares
123
Punta Pedrosa
Cala del Cau
Llafranc
Far de Sant Sebastià 2
Cap de Sant Sebastià
Hafen Port Bo 1
Platja de Llafranc
Torre de Calella
N
500 m
Calella de Palafrugell

Infos zur Tour

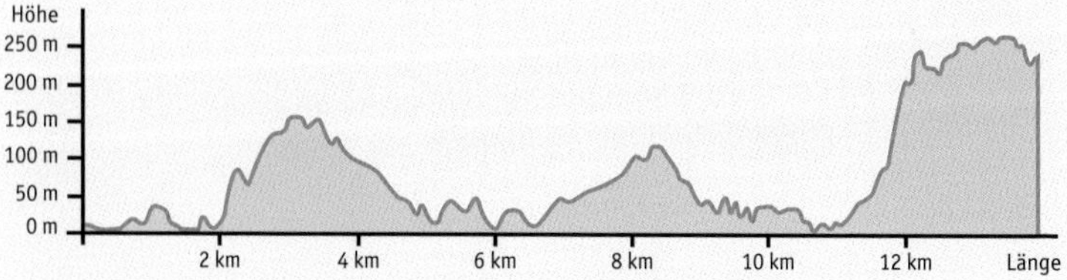

Anfahrt Calella de Palafrugell

Bus: Nach Calella und Llafranc gelangt man über Palafrugell, dort gibt es Busverbindungen von und nach Barcelona, Girona und andere Orte (Sarfa ▶ Seite 139). Die Bushaltestelle in Calella ist in der Avinguda Joan Pericot, gegenüber vom Hotel Alga. Von Juli bis Sep. verkehren auch Busse zwischen Palafrugell, Calella, dem Botanischen Garten Cap Roig und Llafranc.

Information

Oficina de Turisme
Carrer de les Voltes 6 ·
17210 Calella de Palafrugell ·
972 61 44 75 · nur Mai–Okt. sowie in der Osterwoche geöffnet

Oficina de Turisme
Carrer Roger de Llúria 9 · 17211 Llafranc · 972 30 50 08 · nur Mai–Okt. sowie in der Osterwoche geöffnet

Streckenverlauf

Calella – Llafranc – Far de Sant Sebastià – Cala Pedrosa – Tamariu – Aiguablava – Platja Fonda – Begur

Streckencharakteristik

Sehr abwechslungsreiche und landschaftlich reizvolle Pfade entlang der Küste mit einigen Auf- und Abstiegen

Schwierigkeit

Mittel

Für Kinder

Der Abschnitt bis Tamariu ist nur geübten und schwindelfreien Kindern zu empfehlen, doch auch die weitere Strecke erfordert Geschick und Vorsicht.

Beschilderung

GR 92, Camino de Ronda und lokale Ausschilderung

Baden

An der Platja de Llafranc, Cala Pedrosa, Platja de Tamariu, Cala d'Aiguablava sowie weiteren Buchten

Übernachten in Begur

Hotel Rosa
Pi i Ralló 19 · 17255 Begur ·
972 50 30 15 · www.hotel-rosa.com ·
März–Dez.
Mitten im Zentrum findet man im begrünten Innenhof und auf der Dachterrasse Ruhe. 18 komfortable Zimmer, drei Suiten mit eigenem Jacuzzi und Küche. Gäste dürfen auch das örtliche Schwimmbad benutzen. (DZ 89–162 €, HP ab 99 €)

Hotel Aiguaclara
Sant Miquel 2 · 17255 Begur · 972 62 29 05 · www.aiguaclara.com
Aus einem denkmalgeschützten Palast von 1866 im Kolonialstil ist eine charmante, originelle Bleibe mit zehn individuell eingerichteten Zimmern geworden. Mit gemütlicher Lounge-Bar, guter Küche und hübscher Gartenterrasse. (DZ 70–290 €)

Hostal Ondina
Carretera de Begur a Aiguablava, km 3 · 17255 Begur/OT Fornells · 972 62 20 52
Wer über die Bucht von Aiguablava nach Begur läuft, kann bereits unweit des Hafens von Fornells in dieser unprätentiösen und für die Gegend relativ preiswerten Bleibe mit acht Doppelzimmern, kleiner Terrasse und gutem Restaurant unterkommen. (DZ 45–150 €)

Einkehren in Begur

El Bistró
Placa Forgas 2 · 17255 Begur · 972 62 47 50
Am zentralen Platz im Zentrum kann man sich auf der Terrasse – oder drinnen – gute, preiswerte Mittagsmenü, Tapas oder umfangreiche Menüs servieren lassen.

La Escalopa
im Einkaufszentrum Galeries Casa Gran · Carrer Ventura Sabater 2 · 17255 Begur · 972 62 38 24 · Fr–Mi ab 19, Mi auch 12.30–15 Uhr
Ob saftiges Steak, Rindergulasch, hausgemachte Pizza oder ein bunter Salat – alles das haben die deutschen Betreiber parat.

Einkehren unterwegs

Bar Cala Pedrosa
in der gleichnamigen Bucht · 17212 Tamariu · 660 89 67 99 · nur in der Sommersaison tagsüber geöffnet
Die Bar an der – wörtlich übersetzt – „steinigen Bucht“ ist ein echter Geheimtipp. Ein Frühstück in romantischerer Umgebung wird man schwerlich finden. Aber auch später ist der von Tauchern und Bootsfahrern frequentierte Strandkiosk ideal für eine Verschnaufpause mit Blick auf ein Stück raue Küste.

Sehenswertes

Fira d'Indians
Bei diesen Feierlichkeiten, die meist am ersten Septemberwochenende stattfinden, steht der Ort ganz im Zeichen der „americanos“ – Menschen aus Begur, die im 19. Jahrhundert nach Kuba emigrierten, dort ihr Glück machten und später nicht nur volle Taschen, sondern auch den karibischen Lifestyle mit in ihre alte Heimat brachten. Daran erinnern nicht nur jede Menge Konzerte, Ausstellungen, Marktstände und geschmückte Straßen, die Einwohner von Begur kleiden sich in diesen Tagen auch ganz in Weiß.

km 0–6 Von Calella de Palafrugell nach Tamariu

Vom zentralen Hafen von Calella, dem **Port Bo** 1, läuft man weiter an der Küste entlang und am Wachturm **Torre de Calella** vorbei in den Nachbarort **Llafranc,** der wesentlich kleiner und beschaulicher ist als Calella, aber mit Jachthafen und einigen Hotels in der Saison ebenfalls stark frequentiert. Hier geht es am nördlichen Ende des Hafens auf einer Treppe und dann auf einer ruhigen Straße über etliche Kurven an Siedlungshäusern vorbei zum Leuchtturm **Far de Sant Sebastià** 2 in 178 Meter Höhe hinauf. Neben dem Leuchtturm, der über 100 Kilometer weit strahlt, stehen ein Wachturm aus dem 15. Jahrhundert und eine Einsiedelei aus dem 18. Jahrhundert, in der heute ein exklusives Hotel mit japanischem Restaurant untergekommen ist.

Lange bevor dies alles entstand, war der strategische Punkt bereits besiedelt – das zeigen die mit Informationstafeln liebevoll aufbereiteten Reste einer iberischen Siedlung aus dem 6. Jahrhundert v. Chr., dem **Poblat Ibèric de Sant Sebastià de sa Guarda,** die neben dem Hotel zu sehen sind. Bevor man am Hotel vorbei- und auf dem Küstenrundweg weiterläuft, kann man noch einmal den herrlichen Blick vom Leuchtturm über Llafranc und die Küste genießen. Durch wilden Steineichenwald führt der Weg dann über Treppen zur **Cala Pedrosa** hinunter. Die „steinige Bucht" unterhalb der Steilküste des

Blick vom Leuchtturm Sant Sebastià über Llafranc

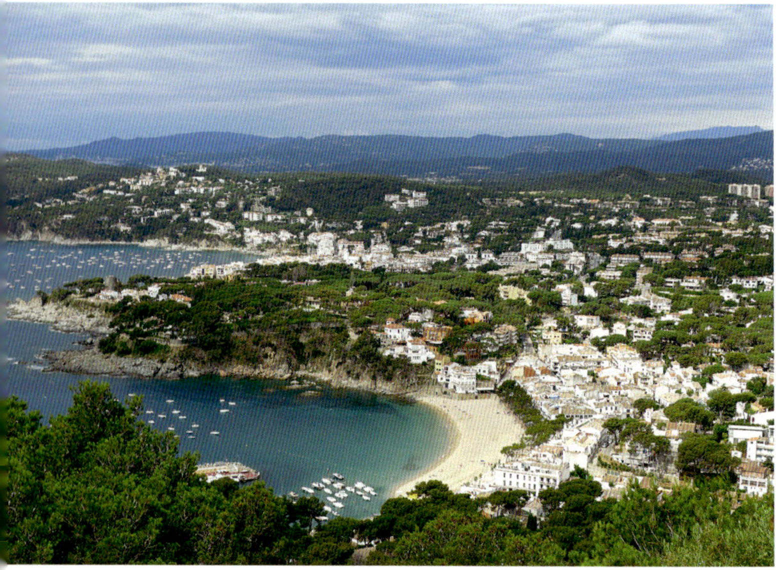

Puig dels Frares genannten Hügels wird ihrem Namen voll und ganz gerecht. Trotzdem ist sie bei Tauchern und anderen Gästen, die vielfach mit Booten kommen, beliebt, zumal man sich hier in der Saison am Strandkiosk mit kühlen Getränken und Tapas stärken kann.

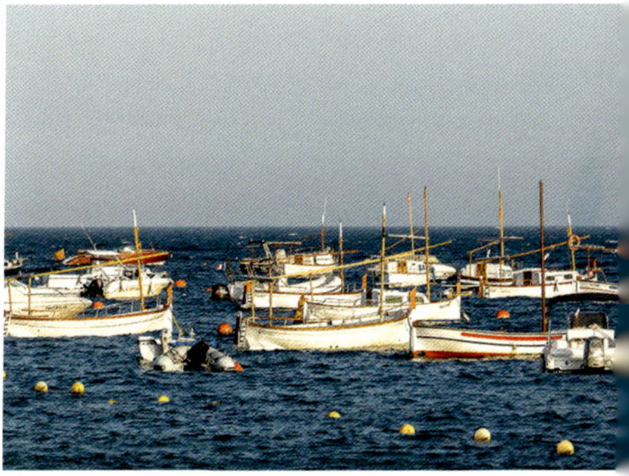

Auf dem Wasser ist oft mehr los als auf den Wegen

So abenteuerlich wie der Abstieg hier hinunter setzt der Weg nach Tamariu sich fort. Auf der nördlichen Seite der Bucht führt ein schmaler, mitunter nur schwer erkennenbarer Pfad auf rutschigem und steinigem Terrain an der Steilküste entlang. Nach der **Punta de la Musclera** lichtet sich der Wald und gibt den Blick auf riesige rötliche Felsen frei, die wie Dickhäuter im Wasser liegen. Hier muss man sich seinen Weg über die Klippen bahnen und die Markierung gut im Auge behalten, die einen schließlich auf dem schönen Camino de Ronda nach **Tamariu** 3 führt. Hinter der letzten Kurve zeichnet sich die weiße Häuseransammlung an der wahrhaft malerischen Bucht ab.

Tamariu

Das hübsche Dorf hat seinen Namen von den Tamarinden, die hier wachsen. Es ist einer der drei Küstenorte, die wie **Calella** und **Llafranc** zu dem Städtchen **Palafrugell** im Landesinneren gehören und in Sachen Schönheit miteinander wetteifern. Tamariu, der kleinste von den dreien, ist in jedem Fall postkartenreif und wurde sicher schon tausendfach abgelichtet mit seinen weißen Häusern, die sich an die von rötlichen Felsen eingerahmte Bucht schmiegen, während sich grüne Pinien über das türkisblaue Wasser neigen. Kein Wunder, dass es hier in der Saison rund um den Strand und in den vielen Lokalen hoch hergeht und sich zu den beiden einzigen Hotels immer mehr Apartmenthäuser gesellen, die meist schon lange im Voraus ausgebucht sind.

Von Tamariu nach Begur km 6–14

Jetzt führt der Weg vom Strand über den Carrer d'Aiguablava und den Carrer del Cadi ins bewaldete Landesinnere hinauf und auf den Camí Vell de Tamariu, eine breite unbefestigte Straße, die aber wenig befahren ist. Nach etwa einer halben Stunde zweigt rechts der Pfad nach **Aiguablava** ab.

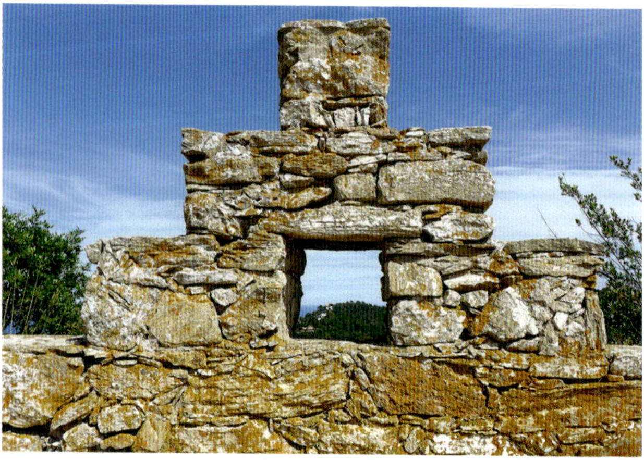

Eine Burg mit Durchblick und Weitblick: Begur

Variante: Wenn die Kräfte für weitere Auf- und Abstiege nicht mehr ausreichen, kann man hier geradeaus auf dem GR 92 weiterlaufen und erreicht nach etwa einer Stunde **Begur.**

Ansonsten wandert man rechts auf dem ebenfalls rot-weiß markierten Küstenweg weiter, der sich durch Stein- und Korkeichenwald zur Siedlung schlängelt, bis es links auf einer asphaltierten Straße zur **Cala d'Aiguablava** hinuntergeht. Die schöne Bucht mit fantastischen Ausblicken auf die Steilküste ist im Sommer in der festen Hand der Gäste der umliegenden Hotels, vor allem des Parador Nacional d'Aiguablava, der sich rechts von der Bucht auf einem Felsvorsprung erhebt. Dass es sich um eine recht exklusive Gegend handelt, erkennt man an den luxuriösen Villen, die sich hier am Wasser aneinanderreihen.

Vom nördlichen Ende der Bucht wandert man nun erst auf einer Treppe, dann auf dem Camino de Ronda weiter an der Küste entlang, wobei häufig Grundstücke auch mit Hilfe von kleinen Tunneln umgangen werden müssen. Dafür gibt es hier rund um **Fornells** lauter hübsche Buchten und den kleinen Hafen **Port d'Esclanyà** (4) zu entdecken. Nach der **Platja Fonda** steigt der Pfad steil bergan in die Serra de S'Aguàrdia. Vorbei am Aussichtspunkt **Mirador d'Aiguablava** (5) geht es den Berg hoch bis zu dem Punkt, wo sich der Weg gabelt. Geradeaus würde man zum **Cap de Begur** und weiter nördlich zur Bucht **Sa Tuna** gelangen, was reizvoll, aber ein recht strapaziöser Umweg wäre, links erreicht man auf kurvenreichen Straßen durch Siedlungsgebiet über den Carrer del Semàfor und den Camí del Mar das Zentrum von Begur.

Begur

Obwohl der charmante Ort nicht direkt am Wasser liegt, steht er bei katalanischen Sommerfrischlern hoch im Kurs, was sich – wie in der recht exklusiven Umgebung – in relativ hohen Preisen niederschlägt. Man schätzt das besondere Flair der mittelalterlichen Gassen im **historischen Zentrum** und einiger Gebäude im Neokolonialstil. Besonders schön anzusehen sind die **Cases de Indianos,** die Häuser der Kuba-Seefahrer, die im 19. Jahrhundert in der Karibik zu Geld kamen und sich später in ihrer Heimat stolze Villen errichten ließen. Dazu gehört neben der **Casa Pere Roger,** der **Casa de Josep Forment** und der **Casa Josep Pi Carreras** auch das heutige **Hotel Aiguaclara.** Einen Kontrast dazu bilden mittelalterliche Verteidigungstürme wie die **Torre de Can Marquès** aus dem 16. Jahrhundert und die engen Gassen im alten Ortskern rund um die Kirche **Sant Pere.** Sie soll schon 1190 existiert haben und wurde im 17. und 18. Jahrhundert erweitert. Wahrzeichen von Begur ist im Übrigen die weithin sichtbare mittelalterliche **Burgruine** auf dem höchsten Punkt des Städtchens. Von den napoleonischen Truppen 1810 zerstört und 1956 wieder instandgesetzt, bietet sie ein atemberaubendes Panorama über Küste und Hinterland.

Begur ist mit Gebäuden der Kuba-Seefahrer gespickt

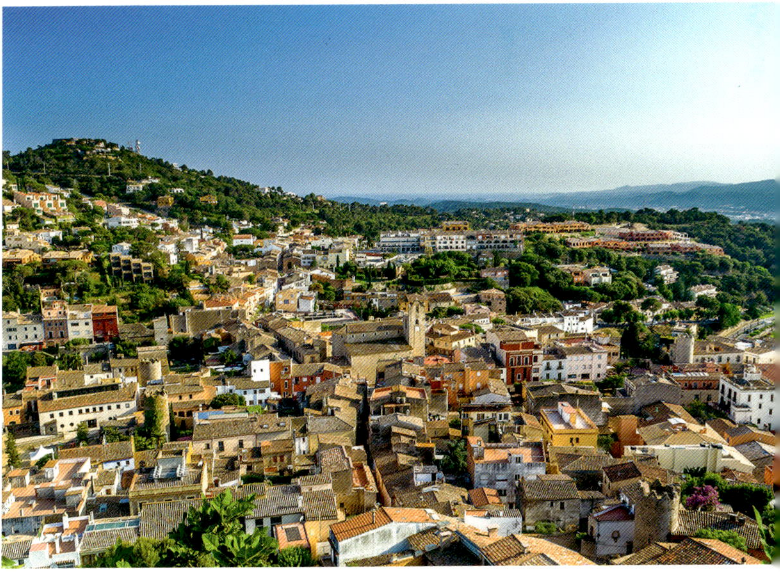

Begur – L'Estartit

7 Sandstrand oder Zeitreise ins Mittelalter?

Start	Ziel	Länge	Gehzeit
Begur	L'Estartit	V1: 30 km V2: 18 km	V1: 9 Std. V2: 6,5 Std.

Für diese Strecke bieten sich zwei ganz unterschiedliche Wege an: Beim kürzeren (2) folgt auf ein reizvolles Stück Steilküste der kilometerlange flache Sandstrand von Pals. Problematisch ist, dass man die Flussmündung des Ter durchqueren muss, was sich je nach Witterung sehr schwierig gestalten kann. Die sichere, aber sehr lange Variante (1) schlägt stattdessen einen weiten Bogen durchs Hinterland, durch archaisch wirkende, mittelalterliche Dörfer in einem sehr ländlichen Stück Katalonien. Unterwegs kann man in oder bei Torroella de Montgrí übernachten oder von dort das letzte Stück mit dem Bus fahren. Beide Routen treffen sich im quirligen Ferienort L'Estartit.

Abseits der Küste scheint bisweilen die Zeit stehengeblieben zu sein

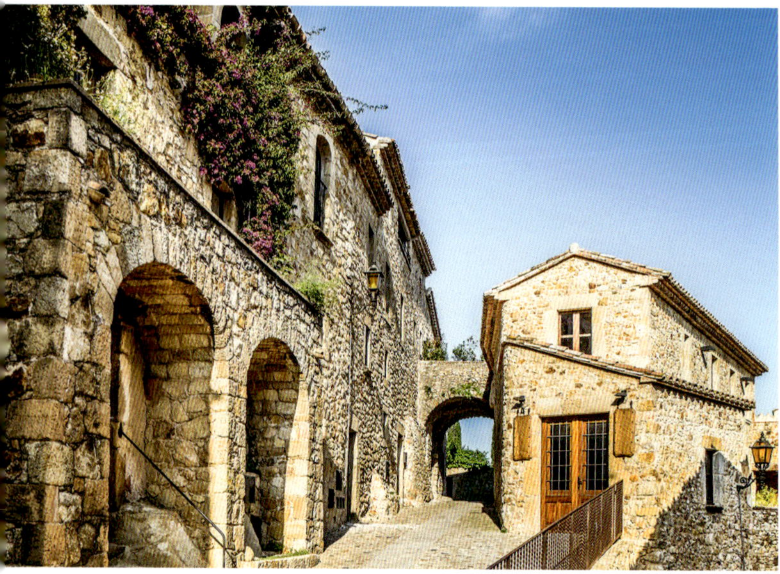

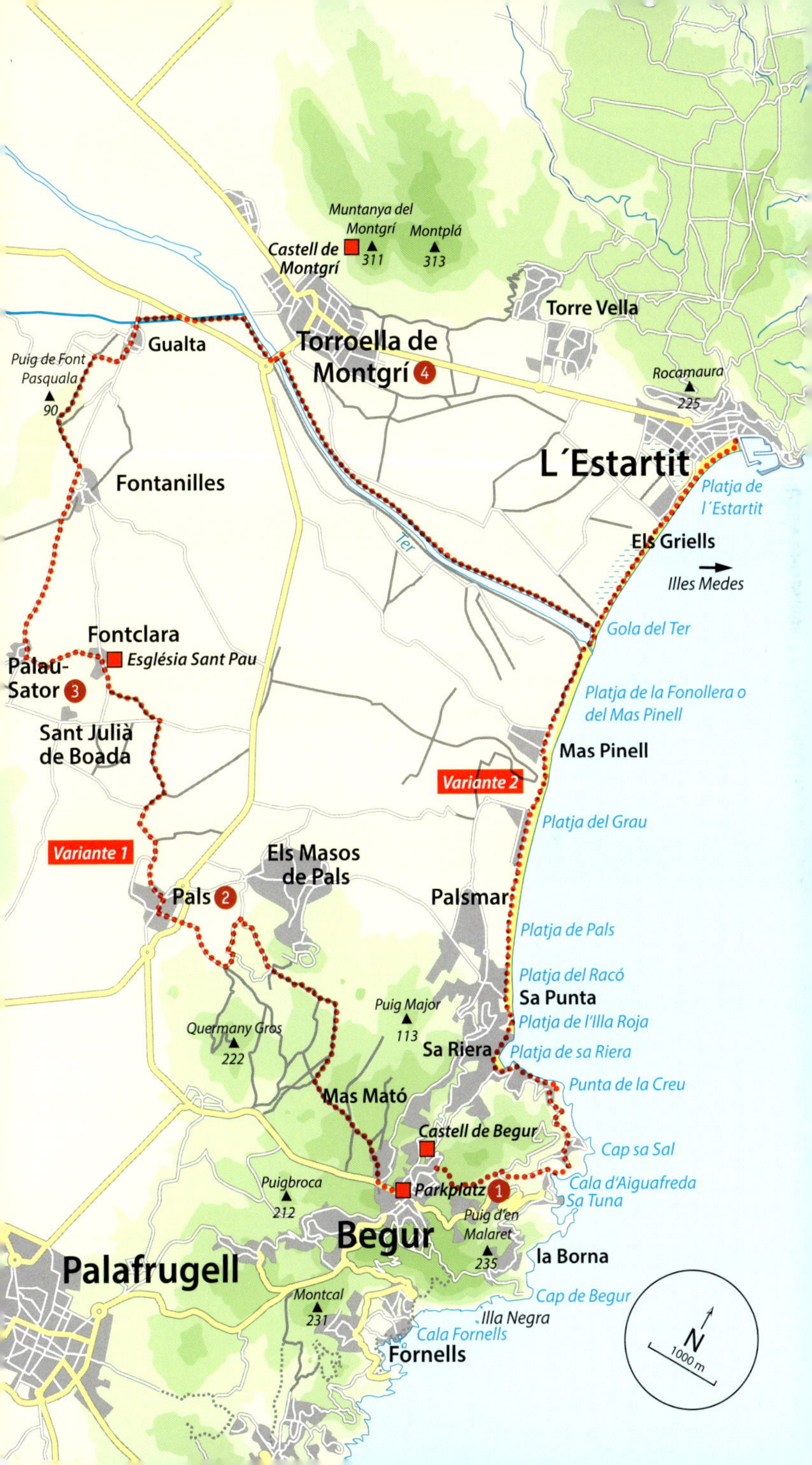

Muntanya del Montgrí
Montplá
Castell de Montgrí
311
313
Torre Vella
Gualta
Torroella de Montgrí 4
Puig de Font Pasquala
90
Rocamaura
225
L´Estartit
Fontanilles
Platja de l´Estartit
Ter
Els Griells
Illes Medes
Gola del Ter
Fontclara
Palau-Sator 3
Església Sant Pau
Platja de la Fonollera o del Mas Pinell
Sant Julià de Boada
Mas Pinell
Variante 2
Platja del Grau
Variante 1
Els Masos de Pals
Pals 2
Palsmar
Platja de Pals
Platja del Racó
Sa Punta
Puig Major
113
Platja de l'Illa Roja
Quermany Gros
222
Sa Riera
Platja de sa Riera
Punta de la Creu
Mas Mató
Castell de Begur
Cap sa Sal
Cala d'Aiguafreda
Sa Tuna
Puigbroca
212
Parkplatz 1
Puig d'en Malaret
235
Begur
la Borna
Palafrugell
Montcal
231
Cap de Begur
Illa Negra
Cala Fornells
Fornells
N
1000 m

Infos zur Tour

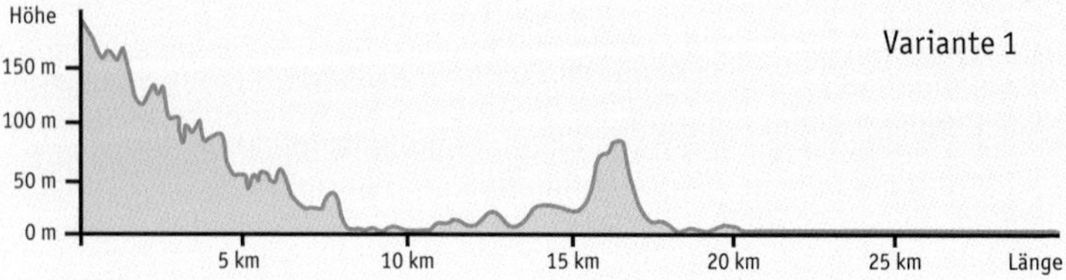

Anfahrt nach Begur

Bus: Bushaltestelle Plaça Forgas · 17255 Begur
Busse vom Flughafen Aeroport del Prat (Barcelona) oder von der Estació del Nord, mehrmals tgl., ca. 3 Std. 15 Min., vom Flughafen Girona, mehrmals tgl., ca. 1 Std. 12 Min.
(Sarfa ▸ Seite 139)

Information Begur

Oficina de Turisme
Av. de l'Onze de Setembre 5 · 17255 Begur · 972 62 45 20 · www.visitbegur.cat

An-/Weiterfahrt nach Torroella

Von und nach Torroella de Montgrí fahren Busse nach Barcelona, Girona und viele andere Orte (Sarfa ▸ Seite 139) Bushaltestellen in Torroella: Carretera de L'Estartit 46 oder Carrer de l'Electricitat 27 · 972 75 82 83
Außerdem verkehren zwischen Torroella de Montgrí und L'Estartit regelmäßig Busse des Unternehmens Ampsa · www.ampsa.org

Information Torroella

Oficina de Turisme
Ullà 31 · 17257 Torroella de Montgrí · 972 75 51 80

Streckenverlauf

Variante 1:
Begur – Pals – Fontclara – Palau-Sator – Fontanilles – Gualta – Torroella de Montgrí – L'Estartit
Variante 2:
Begur – Mas d'en Pinc – Cala d'Aiguafreda – Sa Riera – Pl. de Pals – L'Estartit

Streckencharakteristik

Variante 1:
Lange Wanderung auf Wald- und Feldwegen, kurze Abschnitte auf ruhigen Landstraßen mit Hartbelag
Variante 2:
Ein kurzes Stück abwechslungsreiche Steilküste, danach ein sehr langer Abschnitt am Strand

Schwierigkeit

Variante 1: Erster Abschnitt mittel, danach einfach
Variante 2: Einfach (aber Durchquerung der Ter-Mündung!)

Für Kinder

Variante 1: Ja, bei entsprechendem Durchhaltevermögen und mit Übernachtung
Variante 2: Ja, bei entsprechendem Durchhaltevermögen

Beschilderung
Variante 1: GR 92
Variante 2: Camino de Ronda und lokale Ausschilderung

Baden
Variante 1: Strand von L'Estartit
Variante 2: Platja de sa Riera, Platja del Racó, Platja de Pals

Übernachten in Torroella
Hotel GR 92
Carrer Fàtima 2/Plaça Lledoner · 17257 Torroella de Montgrí · 972 01 01 16 · www.hotelgr92.com
Speziell an Wanderer auf dem GR 92 richtet sich diese preiswerte Unterkunft mit 2-Sterne-Komfort im Zentrum von Torroella. Kleiner Garten mit Swimmingpool. (Zimmer mit und ohne Klimaanlage ab 39 €)

Hotel Molí del Mig
Camí del Molí del Mig · 17527 Torroella de Montgrí · 972 75 53 96 · www.molidelmig.com · von Nov. bis März geschlossen
Wer es ein bisschen exklusiver mag, der kann in der alten, mit viel neuem Design ausgestatteten Mühle abseits von jeglichem Trubel entspannen, die auf dem Alternativweg von Torroella nach L'Estartit liegt. Sehr schicke Zimmer, schöne Gartenanlage mit Pool, gutes Restaurant. (DZ ab 67 €)

Übernachten in L'Estartit
Hostal Can Dalfó
Carrer Santa Anna 13 · 17258 L'Estartit · 972 75 10 32 · www.hostaldalfo.com · im Winter geschlossen
Nette Pension am Jachthafen mit gutem Preis-Leistungs-Verhältnis und empfehlenswertem Restaurant, das auch preiswerte Mittagsmenüs anbietet. (DZ mit Frühstück ab 55 €)

Einkehren in Torroella
Masvidal Pastisseria
Passeig Catalunya 49 · 17257 Torroella de Montgrí · 972 76 04 85 · tgl. 8–13.30 und 16–20.30 Uhr
Schon beim Vorübergehen läuft einem das Wasser im Mund zusammen. In der besten Konditorei vor Ort gibt es neben vorzüglichem Kaffee und Kuchen auch Frühstück und kleine Snacks.

Sunyer & El Café del Passeig
Passeig Catalunya 63 · 17257 Torroella de Montgrí · 972 76 52 22 · tgl. 7–24 Uhr
An der zentralen Promenade gibt es alles, vom Frühstück bis zum abendlichen Dinner, darunter auch Tagesmenüs für 12 €.

Einkehren in L'Estartit
Les Salines
Passeig Molinet 5 · 17258 L'Estartit · 972 75 16 11 · tgl. 9–23 Uhr, im Winter z. T. geschlossen
Hier kann man es sich richtig gut gehen lassen, Fisch und Meeresfrüchte in allen Variationen probieren und den Blick von der Terrasse über den Jachthafen schweifen lassen.

Sehenswertes
Museu de la Mediterrània
Carrer d'Ullà 31 · 17257 Torroella de Montgrí · 972 75 51 80 · Sep.–Juni Mo, Mi–Sa 10–14 und 17–20, So 10–14, Juli/Aug. Mo–Sa 10–14 und 18–21, So/Fei 10–14 Uhr

km 0–7 Von Begur nach Pals
Variante 1

Ausgangspunkt der Wanderung ist der **Parkplatz** 1 an der Straße Carrer de la Font de Baix. Hier läuft man am Park Arboreda an der Straße nach Pals entlang, bis rechts ein rot-weiß markierter Weg abzweigt. Nach der Siedlung **Sa Fontansa** mündet er in einen breiten Waldweg, den haushohe Pinien säumen und wo es allmählich bergab geht. Unterwegs kommt man an einigen stolzen, typisch katalanischen Gehöften vorbei, von denen sich das eine oder andere in eine stilvolle Bleibe oder ein Restaurant mit ländlichem Touch verwandelt hat. Besonders schön ist die **Masía Can Pou de ses Garites,** die bis aufs Mittelalter zurückgeht. Dabei muss man immer wieder aufpassen, dass man auf dem GR 92 bleibt. Nach etlichen Windungen erreicht der Weg eine asphaltierte Straße, die in den neueren Teil von **Pals** 2 einmündet. Rechts erhebt sich der historische Ortskern.

Pals

Das perfekt restaurierte Pals gilt als besondere Perle unter den mittelalterlichen Dörfern im Hinterland und scheint einen in frühere Jahrhunderte zu versetzen. Wer durch die engen Steingassen mit ihren Torbögen läuft, wird die schöne **Plaça Major,** die Kirche **Sant Pere** aus dem 15. Jahrhundert und viele andere schöne Gebäude entdecken. Ganz oben, unweit des Aussichtspunkts **Mirador Josep Pla** mit fantastischem Blick über die Landschaft hat der Turm **Torre de les Hores** überdauert, der bis aufs 11. Jahrhundert zurückgeht. An diversen gotischen Adelspalästen lässt sich ablesen, dass Pals ein wohlhabendes Dorf gewesen sein muss. Sein früherer Reichtum erklärt sich aus dem Reisanbau, der inzwischen in den Feuchtgebieten nahe der Küste wieder aufgenommen wurde. Einziger Wermutstropfen ist, dass das perfekt restaurierte Dorf wie ein Museum wirkt und an Wochenenden mitunter von Ausflüglern überrannt wird. Dafür hat man allerdings auch eine gute Auswahl an Restaurants und Lokalen (sehr stilvoll ist zum Beispiel El Pedró, Carrer de les Placetes 29). Weitere Informationen erteilt die Oficina de Turisme (Carrer Hospital 22 · 972 63 73 80 · www.visitpals.com).

km 7–20,5 Von Pals nach Torroella de Montgrí

Der Wanderweg setzt sich vom unteren Teil des historischen Zentrums in nördlicher Richtung fort. Jetzt geht es zunächst auf einer asphaltierten Straße, dann rechts auf einem Feldweg durch das landwirtschaftlich geprägte, flache Hinterland. Vorbei an Reisfeldern und weiteren Gehöften wie Can Bac wandert man bis zur Landstraße, die links nach Sant Julià de Boada führt, überquert sie und erreicht bald darauf das Dörfchen **Fontclara,** wo neben alten Steinhäusern auch die romanische Kirche **Sant Pau** aus dem 13. Jahrhundert die Zeit überdauert hat. Sie gehörte ursprünglich zu einem im 9. Jahrhundert gegründeten Kloster und ist mit interessanten Malereien ausgeschmückt. Der Markierung folgend läuft man von hier aus links weiter in das wesentlich stattlichere **Palau-Sator** 3.

Auch dieser mittelalterlich geprägte Ort erwacht mehr und mehr aus seinem Dornröschenschlaf. So laden hier gleich mehrere ansprechende Lokale zu einer kleinen Stärkung oder einem Mittagessen ein (zum Beispiel Sa Torre, Plaça de la Mola oder gleich daneben Mas Pou). Doch im Vergleich mit Pals geht es hier noch sehr geruhsam zu. Besonders schön ist der Uhrturm **Torre de les Hores,** daneben lassen sich Reste der einstigen Stadtmauer und einer Burg aus dem 10. Jahrhundert sowie zwei mittelalterliche Kirchen entdecken. Hat man alles ausgiebig auf sich wirken lassen, wandert man – von Fontclara kommend rechts – in nördlicher Richtung weiter auf der ruhigen Landstraße nach **Fontanilles** und **Gualta,** zwei weiteren landwirtschaftlich geprägten Dörfern. Zwischendurch macht der GR 92 einen Abstecher von der Straße auf die kleine Erhebung **Puig de Font Pasquala,** wo man aus 90 Metern Höhe die Gegend überblicken kann. Spätestens hier fällt der Blick auch

Mehr als 1000 Jahre alt – die romanische Kirche Sant Pau in Fontclara

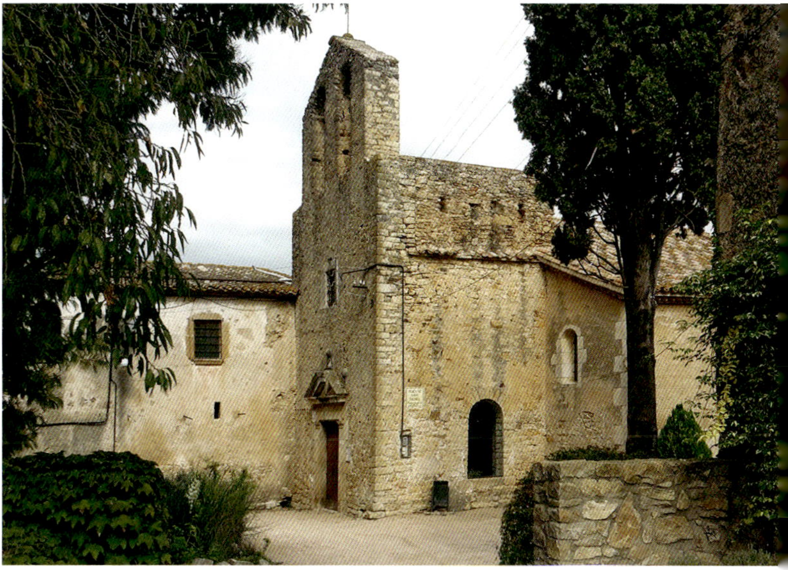

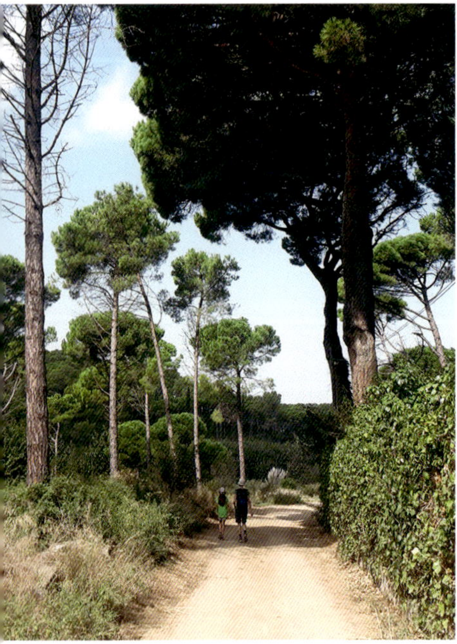

Schatten spendende Pinien erfreuen den Wanderer

auf die Muntanya de Montgrí, eine sich über dem flachen Land abzeichnende charakteristische Erhebung mit der Burgruine **Castell de Montgrí**, von der sich viele an eine weibliche Brust mit Brustwarze erinnert fühlen.

Hat man Gualta durchquert – besonders schön ist hier die alte Brücke, der **Pont Vell** von Gualta aus dem 16. Jahrhundert –, läuft man erst auf der linken, nach der nächsten Brücke auf der rechten Seite des Flüsschens El Daró, und dann rechts am Ufer des Ter weiter, bis der Weg wieder links den Ter überquert. Wer weiter nach **L'Estartit** wandern will, biegt kurz darauf rechts ab.

Ansonsten geht es geradeaus ins Zentrum von **Torroella de Montgrí** 4 mit dem Passeig de Catalunya. An der etwas nördlich davon gelegenen Carretera de L'Estartit befindet sich die Bushaltestelle, von der alle ein bis zwei Stunden ein Bus nach L'Estartit fährt (972 21 63 53 · www.ampsa.org oder www.atmgirona.com).

Torroella de Montgrí

Auch Torroella war ein mittelalterliches Dorf, hat sich aber längst zu einer lebhaften Kleinstadt ausgewachsen. Trotzdem haben sich im alten Ortskern noch allerlei historische Gebäude erhalten. Rund um die arkadengesäumte **Plaça de la Vila** stehen das Stadttor Portal de Santa Caterina, der Hexenturm, das Rathaus aus dem 15. und 16. Jahrhundert sowie die Casa Hospital mit ihrem Kreuzgang. Besonders schön ist der Renaissancepalast **Palau Solterra** mit der Stiftung Vila Casas und wechselnden Foto-Ausstellungen (L'Església 10).

Außerdem lohnt das **Museu de la Mediterrània** (▸ Seite 69) in der schönen Can Quintana, in der auch das Touristenbüro untergekommen ist, den Besuch. Es bringt den Besuchern das Mittelmeer mit Ausstellungen, Musik und sogar Gerüchen näher. In all diesen Gebäude findet alljährlich im August das Internationale

Musikfestival mit Schwerpunkt Gitarrenmusik statt (Festival de Torroella de Montgrí · www.festivaldetorroella.cat).

Besonderes Highlight – im wahrsten Sinne des Wortes – ist das **Castell de Montgrí**, die Burgruine auf dem gleichnamigen Bergmassiv mit fantastischem Blick, das sich über der Ebene des Hinterlands erhebt und das man beim Wandern bereits vor Augen hatte. Wer will, kann einen einstündigen Abstecher dorthin machen. Er ist sogar als GR 92 markiert, da die Route des Weitwanderwegs über das Gebirge führt. König Jaume II. ließ die Anlage im 13. Jahrhundert zur Verteidigung gegen die Grafen des Empordà errichten, wobei sie allerdings nie fertig wurde.

Von Torroella de Montgrí nach L'Estartit

km 20,5–30

Um weiter nach L'Estartit zu gelangen, nimmt man den gelb markierten PR-C 109 in Richtung La Gola (Mündung), der kurz nach der Brücke über den Ter rechts abzweigt und durch das Gewerbegebiet Barri de Ter mit Supermarkt (!) und abermals rechts zum Fluss Ter führt. Hier ändert sich das Bild. Während man jetzt ca. sechs Kilometer am nördlichen Flussufer entlangwandert, schweift der Blick über weite Felder und das Wasser, das sich träge in Richtung Meer bewegt. Dort angekommen, wendet man sich nach links und läuft noch einmal vier Kilometer am Strand entlang nach L'Estartit.

L'Estartit

Zugegeben, der erste Eindruck vom Ort mit den gesichtslosen Apartmenthäusern ist nicht gerade erhebend. Hauptattraktionen des quirligen Ferienorts, der im Sommer voller Touristen ist, im Winter aber einen verlassenen Eindruck macht, sind der kilometerlange Strand mit Kiosken, Surfverleihstellen usw. und vor allem die **Illes Medes.** Der Archipel mit sieben der Küste vorgelagerten Inselchen, die mit ihrer besonderen Flora und Fauna unter Naturschutz stehen, ist nicht nur Paradies für Taucher. Mit Glasbodenbooten lassen sich vom Strandort aus die markanten Felsen erkunden und man kann einen Blick in die Tiefe voller Leben werfen.

Wahrzeichen von L'Estartit: die Medes-Inseln

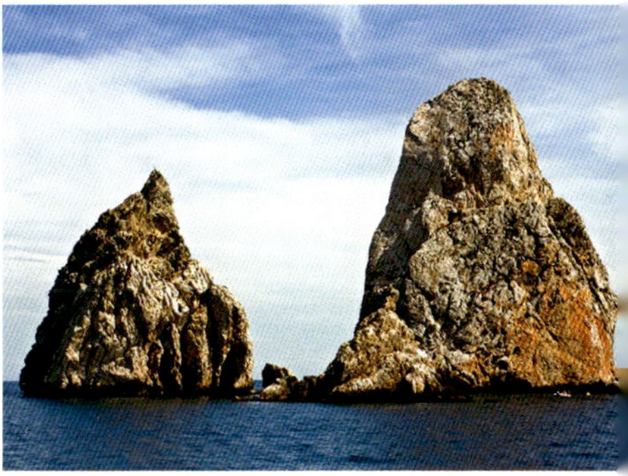

km 0–18 Von Begur nach L'Estartit Variante 2

Diese Variante ist wesentlich kürzer. Nach einem reizvollen Stück Steilküste geht es ausschließlich am flachen Strand entlang, wo hinreichend Bademöglichkeiten bestehen. Doch birgt sie ein Risiko und kann sogar gefährlich werden. Denn unterwegs muss man die Mündung des Flusses Ter durchqueren, wo die Strömung je nach Jahreszeit und Witterung mal mehr, mal weniger stark ist. In jedem Fall kommt man hier selten trockenen Fußes durch und muss eventuell auch das Gepäck vor dem Wasser schützen. Wenn möglich, sollte man sich vorher vor Ort, zum Beispiel bei der Oficina de Turisme von L'Estartit erkundigen, ob die Mündung problemlos passierbar ist.

Der Beginn der Route ist nicht allzu gut markiert und nur hin und wieder mit *Paratge d'es Quinze* oder *Cala d'Aiguafreda* ausgeschildert. Ausgangspunkt ist die Straße Carmen Amaya, die unterhalb der Burg an der Plaça Sant Ramon beginnt, die Umgehungsstraße Carretera de Circunval.lació quert und dann im Rechtsbogen zum stattlichen Landsitz **Mas d'en Pinc** mit Verteidigungsturm aus dem 16. Jahrhundert führt, wo auch ein kleiner Parkplatz ist. Einst gehörte das Anwesen der Flamencotänzerin Carmen Amaya, heute nutzt es die Gemeinde als Ausstellungs- und Forschungszentrum zum Thema Wasserwirtschaft. Es liegt inmitten eines etwas verwilderten Gebiets, sodass es nicht ganz einfach ist, den kleinen Pfad zu finden, der sich erst durch den Garten, dann durch einen verwunschenen, mediterranen Wald schlängelt. An Steinmäuerchen und dem Bach Aiguafreda entlang führt er schließlich über eine Straße zur **Cala d'Aiguafreda**.

Die Bucht, die wörtlich übersetzt „kaltes Wasser" heißt, entpuppt sich als traumhaftes Fleckchen mit türkisblauem Wasser, das von Felsen und duftenden Pinien eingerahmt wird. Ein idealer Ort für das Hotel-Restaurant „Sa Rascassa", das in unmittelbarer Nähe zum Wasser in einem ehemaligen Klostergebäude untergekommen ist. Weniger romantisch ist das monströse Hotel, das ins Auge fällt, wenn man in nördlicher Richtung das **Cap sa Sal** umwandert.

Ob man bei der Aussicht lange ins Buch schauen mag?

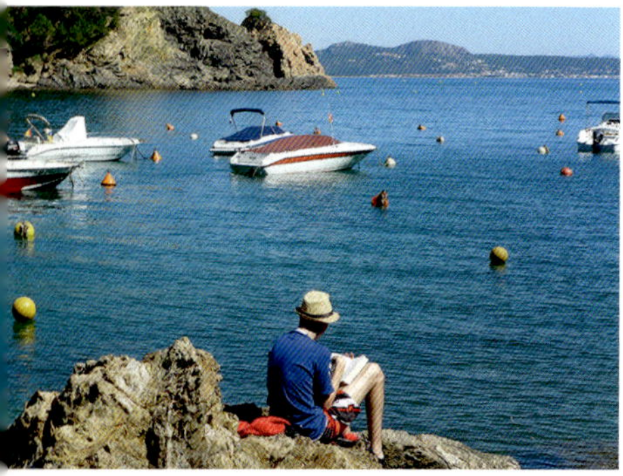

Hier geht es jetzt ein Stück von der Steilküste weg auf einer

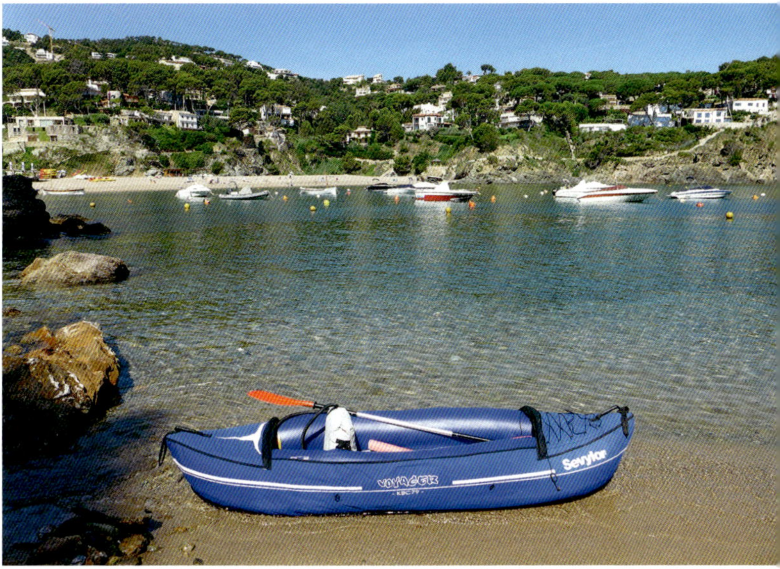

Wo sich die Touristenmassen nicht hinverirren: die Bucht Sa Riera

ruhigen Asphaltstraße weiter, bis man wieder auf den schönen Küstenwanderweg gelangt, der die **Punta de la Creu** mit der liebenswerten Bucht **Sa Riera** verbindet. Den Strand säumen ein Hotel, kleine Apartmenthäuser und ein paar Lokale – der geplante Bau eines Jachthafens ließ sich durch Proteste zum Glück verhindern, sodass sich die Siedlung ihren Charme bewahren konnte. Wandert man noch ein Stück um die Bucht herum, gelangt man zu einem der spektakulärsten und fotogensten Strände der Küste: die **Platja de l'Illa Roja.** Hinter dem „Strand der roten Insel" verbirgt sich keine wirkliche Insel, sondern ein mächtiger rotbrauner Felsen, der sich als Solitär über dem goldgelben Sand erhebt. An ihm und der folgenden Bucht **Platja del Racó** entlang erreicht man die **Platja de Pals,** wo die zerklüftete Steilküste in einen fünf Kilometer langen, gänzlich flachen Sandstrand übergeht. An dem geht es nun entlang, immer mit Blick auf die Wellen, die vorgelagerten **Medes-Inseln** und das sich in der Ferne abzeichnende Montgrí-Massiv.

Mit einem erfrischenden Bad lässt sich die etwas monotone Wanderung unterbrechen – oder auch mit der bereits erwähnten Durchquerung der Mündung des Ter-Flusses –, bevor die Skyline von **L'Estartit** am langen Strand auftaucht.

L'Estartit – L'Escala

8 Von der einsamen Felsküste ins Sardellen-Paradies

Start	Ziel	Länge	Gehzeit
L'Estartit	L'Escala	16 km	7 Std.

Schöner als die lange Tour durchs gebirgige Hinterland auf dem GR 92 ist die Strecke entlang der recht wilden Steilküste, wo es ebenso spektakulär wie einsam ist. Betriebsam wird es in der Saison erst wieder in der Bucht Cala Montgó, um die eine kleine Siedlung mit zahlreichen Lokalen, Apartments und einem Hotel herumgewuchert ist. Noch voller wird es im Sommer im Ferienort L'Escala, der aus einem einfachen Fischerdorf hervorgegangen ist. Bekannt ist er für seine Sardellen, die traditionell in Salz eingelegt werden und denen sich hier ein ganzes Museum widmet. Hauptsehenswürdigkeit sind aber die Ausgrabungen des antiken Empúries aus griechischer und römischer Zeit.

Kein Geheimtipp mehr – die Cala Montgó bei L'Escala

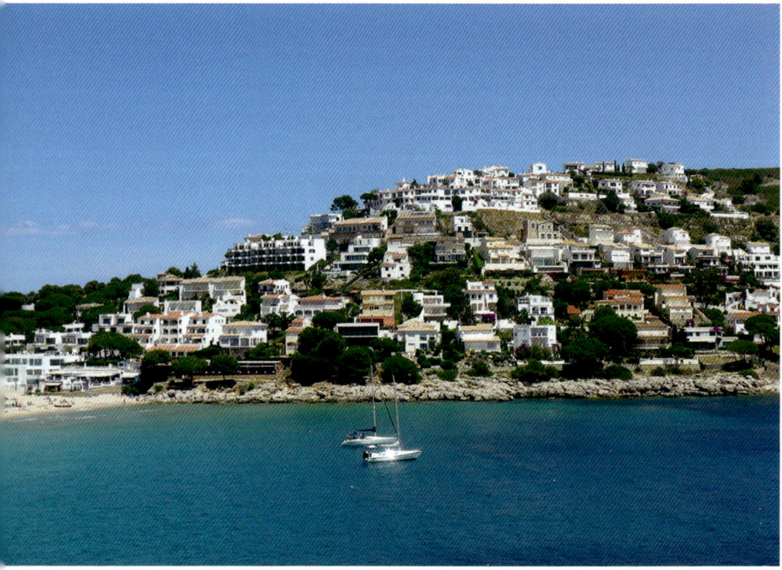

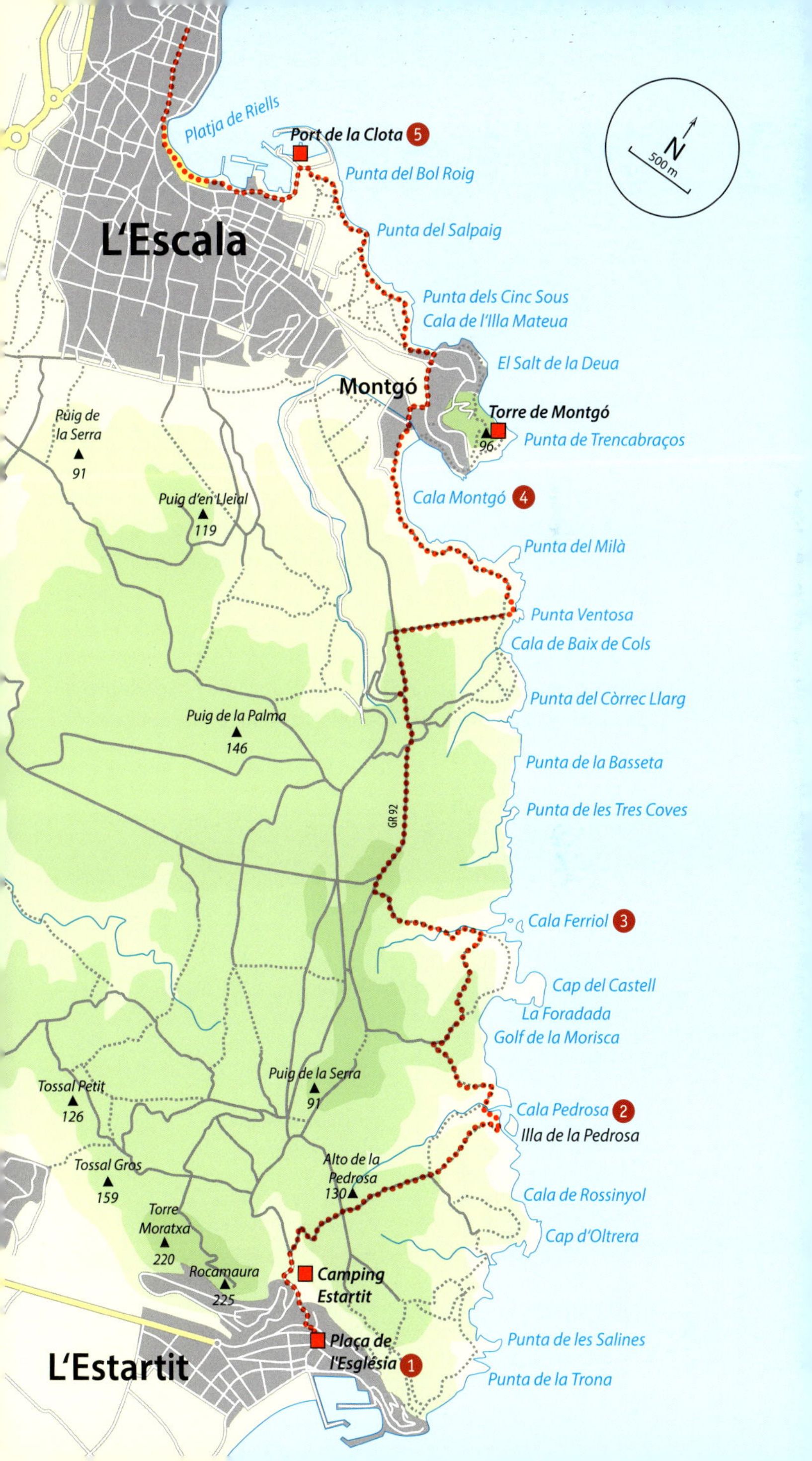

Platja de Riells
Port de la Clota 5
Punta del Bol Roig
L'Escala
Punta del Salpaig
Punta dels Cinc Sous
Cala de l'Illa Mateua
El Salt de la Deua
Montgó
Torre de Montgó
96
Punta de Trencabraços
Puig de la Serra
91
Puig d'en Lleial
119
Cala Montgó 4
Punta del Milà
Punta Ventosa
Cala de Baix de Cols
Punta del Còrrec Llarg
Puig de la Palma
146
Punta de la Basseta
Punta de les Tres Coves
GR 92
Cala Ferriol 3
Cap del Castell
La Foradada
Golf de la Morisca
Puig de la Serra
91
Tossal Petit
126
Cala Pedrosa 2
Illa de la Pedrosa
Tossal Gros
159
Alto de la Pedrosa
130
Cala de Rossinyol
Torre Moratxa
220
Cap d'Oltrera
Rocamaura
225
Camping Estartit
Punta de les Salines
Plaça de l'Església 1
L'Estartit
Punta de la Trona
N
500 m

Infos zur Tour

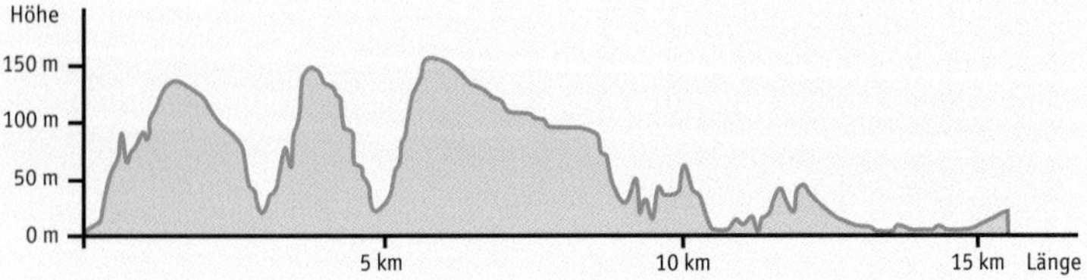

Anfahrt nach L'Estartit

Mit Zug und Bus: Mit dem Zug vom Flughafen Aeroport del Prat (Barcelona) via Estació Sants nach Girona, stdl., ca. 40 Min. Von dort weiter mit dem Bus (Autocars Ampsa) nach L'Estartit Avinguda de Grècia 12 · tgl. stdl., ca. 1 Std.
Bus: vom Flughafen Girona-Costa Brava nach Girona (Teisa oder Sagalés ▶ Seite 139), mehrmals tgl., ca. 20 Min. Von dort weiter nach L'Estartit: Avinguda de Grècia 12 · 17258 L'Estartit · stdl., ca. 1 Std. (Autocars Ampsa)

Information L'Estartit

Oficina de Turisme
Passeig Marítim 47 · 17258 L'Estartit · 972 75 19 10 · www.visitestartit.com

Streckenverlauf

L'Estartit – Cala Pedrosa – Cala Ferriol – Cala Montgó – L'Escala

Streckencharakteristik

Relativ lange, landschaftlich sehr abwechslungsreiche Wanderung auf Küstenpfaden und Waldwegen mit einigen Steigungen und wenig Hartbelag

Schwierigkeit

Mittel

Für Kinder

Nur für schwindelfreie, geübte Kinder mit entsprechendem Durchhaltevermögen

Beschilderung

Erst lokale, grün-weiße Markierung, nach der Cala Ferriol GR 92

Baden

An den Buchten Cala Pedrosa, Cala Ferrio und Cala Montgó

Übernachten in L'Escala

Hotel L'Escala Centre
Midgia 18 · 17130 L'Escala · 872 20 14 14 · www.hotelescalacentre.com · im Winter z. T. geschlossen
Freundliches, neues Haus in zentraler Lage. Schnörkellose, helle Zimmer, teilweise mit Balkon. Gutes Frühstück und Cafeteria. (DZ ab 50 €)

Hostal Spa Empúries
Platja Portitxol · 17130 L'Escala · 972 77 02 07 · www.hostalempuries.com · im Winter z. T. geschlossen
Die schönste Bleibe im Umkreis von L'Escala ist dieses über hundert Jahre alte, komplett renovierte Haus neben den antiken Ausgrabungen. Vom

Bett aus kann man die Wellen an der vorgelagerten Bucht rauschen hören. Ein gutes Restaurant und eine Wellnessoase runden den Aufenthalt ab. (DZ ab 95 €)

Einkehren in L'Escala

La Clota
Racó del Port · 17130 L'Escala · 972 77 08 27 ·
tgl. 9–23 Uhr, z. T. Di geschlossen
Unprätentiöse Küche zu fairen Preisen. Sehr freundliche Bedienung. Dazu kann man den Blick von der Terrasse über den Jachthafen und das Meer schweifen lassen.

El Roser 2
Pg. Lluís Albert 1 · 17130 L'Escala · 972 77 11 02 · www.elroser2.com ·
tgl. 13–15.30 und 20–22.30 Uhr, So abends und Mi geschlossen
Der Klassiker von L'Escala. Hier kocht der junge preisgekrönte Chef Jordi Sabadí Vilà auf hohem Niveau katalanische Küche mit viel frischem Fisch und Meeresfrüchten, die in elegantem Ambiente oder auf der Terrasse mit Meerblick serviert wird. Dazu gibt es erlesene Weine.

Ultramar
Carrer de la Torre 1 · 17130 L'Escala · 872 20 14 21 · www.ultramarclub.com ·
in der Saison Do–Di, im Winter Do–So ab 12 Uhr
Hier kann man einfach nur einen Cocktail trinken und ein paar Tapas essen oder sich auch ganze Menüs mit guten Reisgerichten, Ceviche und Salaten schmecken lassen. Spezialität sind die unzähligen Wermut-Sorten. Ab und zu wird auch Live-Jazz gespielt.

Sehenswertes

Museu de l'Anxova i de la Sal
Avinguda Francesc Macià 1 · 17130 L'Escala · 972 77 68 15 ·
Juli–Aug. Mo–Sa 10–13 und 17–20, So 10–13 Uhr,
Sep.–Juni Di–So 10–19 Uhr
Der kulinarischen Spezialität des Orts, den Sardellen, hat man ein sehr schön gestaltetes kleines Museum gewidmet, in dem alles rund um Fischfang und das traditionelle Einlegeverfahren der Sardellen gezeigt wird.

Alfolí de la Sal (Salzhaus)
Carrer Alfolí 6 · 17130 L'Escala · 972 05 98 23 ·
Mitte März–Mitte Okt. Mo–So 10–13 und 17–20 Uhr, Winter Mo–So 10–13, zusätzlich Fr/Sa 17–20 Uhr
Im früheren Salzhaus, einem schönen Gebäude aus dem 17. Jahrhundert, huldigt heute ein kleines Museum dem „weißen Gold“, das für die Konservierung der Sardellen so wichtig ist. Wie das Salz gelagert und gehandelt und die Einfuhr von anderen Waren auf dem Seeweg kontrolliert wurde, zeigen Exponate, Fotos und ein Video.

Festa de la Sal und Festa de l'Anxova in L'Escala
Die große Bedeutung von Fischfang, Sardinen und dem zum Einlegen so wichtigen Salz, das als weißes Gold gehandelt wurde, unterstreichen zwei Feste im Fischerort: Während am 2. Septemberwochenende das traditionelle Salzfest mit Booten mit Lateinsegeln, traditionellen Gesängen und Tanz begangen wird, stehen beim Sardellenfest am 1. Oktoberwochenende Kochwettbewerbe und Verköstigungen auf dem Programm – natürlich mit Anchovis.

km 0–10,5

Von L'Estartit zur Cala Montgó

Ausgangspunkt für diese Etappe ist die Straße Carrer de Santa Anna im Zentrum von L'Estartit. An der **Plaça de l'Església** ❶ läuft man erst rechts in den Carrer Pont Nou, dann gleich wieder links in den Carrer Barcelona, wo wiederum rechts die Straße Pujada de la Primavera abzweigt und am idyllisch gelegenen **Campingplatz L'Estartit** vorbei den Berg hinaufführt. Den Hinweisschildern zur **Cala Pedrosa** folgend geht es rechts durch würzig duftenden Pinienwald. Zwischendurch führt eine asphaltierte Straße auf den rund 130 Meter hohen Hügel **Alto de la Pedrosa,** der wieder in einen unbefestigten Fahrweg übergeht, bis ein Pfad zur **Cala Pedrosa** ❷ abzweigt, die sich meist in völliger Einsamkeit zwischen den riesigen Felswänden einer wilden Schlucht versteckt.

Von hier aus wandert man weiter auf der Steilküste, vorbei am **Cap del Castell** mit der darunterliegenden riesigen Höhle **La Foradada,** bis ein Pfad zur **Cala Ferriol** ❸ hinunterführt. Wer den nicht immer gut markierten Umweg mit steilen Auf- und Abstiegen durch die Schlucht in Kauf nimmt, wird eine wunderbare, von vorgelagerten Inselchen gesäumte Bucht entdecken, die zu Recht beliebtes Ziel von Paddlern ist.

Sicherer ist es oben weiterzulaufen, wo der Weg bald auf den GR 92 trifft. Im folgenden Waldstück mit militärischem Übungsgelände

Sieht aus wie ein Katzensprung, ist aber noch ein langer Weg zur Cala Montgó

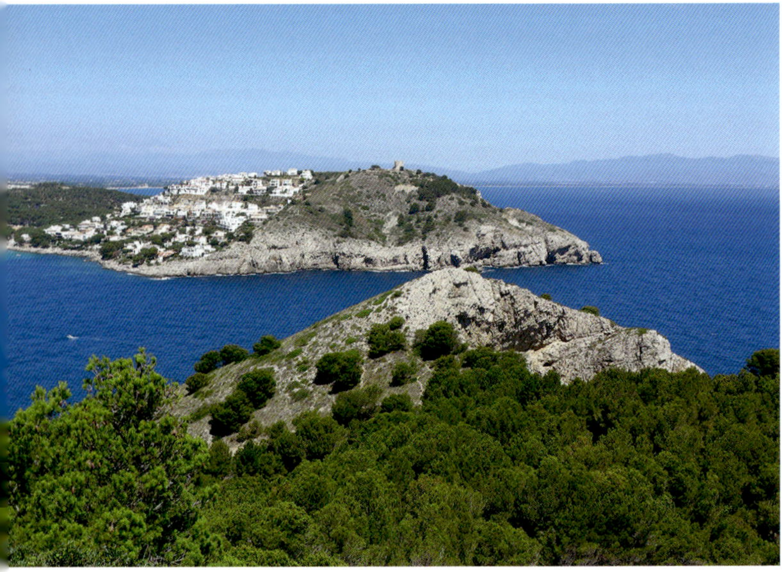

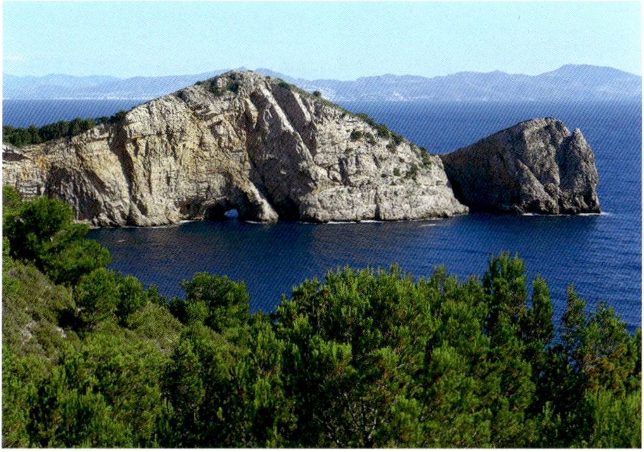

Manche Küstenabschnitte sollte man aus der Ferne betrachten

muss man gut aufpassen, dass man die rotweiße Markierung im Auge behält. Wenn man an einer Wegkreuzung rechtwinklig nach rechts abbiegt, kommt man auch an einer ehemaligen Bunkeranlage vorbei, wo sich vom Aussichtspunkt **Punta Ventosa,** dem „windumtosten Punkt", ein fantastisches Panorama der Küste bietet.

Noch ein Stückchen weiter, dann schlängelt sich der Pfad auf steinigem Untergrund zur **Cala Montgó** 4 hinunter. Hier muss man aufpassen, dass man nicht ausrutscht oder den richtigen Weg verfehlt.

Cala Montgó

Von Weitem eine wunderschöne, kreisrunde Bucht mit türkisblauem Wasser zwischen Pinien und Felsen, deren nördliches Ende der Verteidigungsturm **Torre de Montgó** aus dem 16. Jahrhundert markiert, entpuppt sie sich aus der Nähe betrachtet als überraschend quirlig. Um die Bucht ist eine ganze Feriensiedlung herumgewuchert, die mit ihren vielen Pubs, anderen Lokalen und Apartmenthäusern eher zweifelhaften Charme verbreitet. Immerhin gut, dass es hier zumindest in der Saison kühle Getränke und etwas zu essen gibt. Denn bis L'Escala ist es noch einmal eine Durststrecke – im wahrsten Sinne des Wortes.

Von der Cala Montgó nach L'Escala

km 10,5–16

Hat man die Cala Montgó fast umkreist, läuft man auf der Avinguda de Montgó hinauf, biegt rechts in den Carrer Trencabraços ein, dann wieder links in den Carrer de Port del Rei, bis der markierte Weg links an

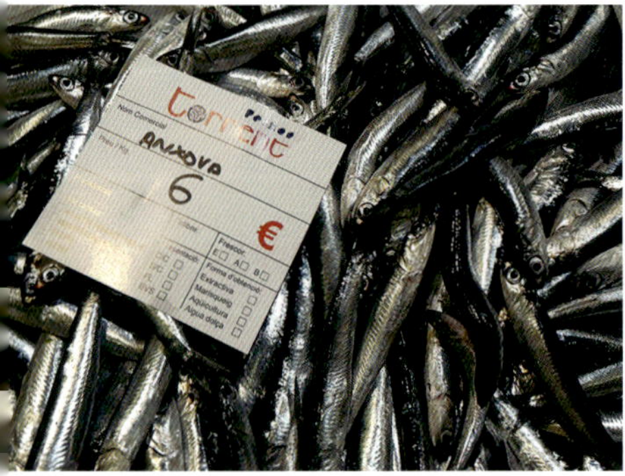

Aus L'Escala nicht wegzudenken: die Sardellen

der **Cala de l'Illa Mateua** auf die Steilküste führt. Der rotweißen Markierung folgend geht es hoch oben über dem Meer an der Küste entlang, mal durch Pinienwald, mal auf den nackten Felsen an der **Punta dels Cinc Sous** und dem Aussichtspunkt **Punta del Salpaig** vorbei in Richtung L'Escala, wobei man immer wieder wunderbare Ausblicke auf den **Golf von Roses** hat. Vorbei an der **Punta del Bol Roig** mit weiteren alten Bunkeranlagen und militärischem Sperrgebiet gelangt man dann zum riesigen Jachthafen **Port de la Clota** 5**.** An recht fantasielosen, klotzigen Apartmenthäusern und dem Strand **Riells** vorbei gelangt man über den Carrer Ample ins Zentrum von **L'Escala.**

L'Escala

Es ist lange her, dass L'Escala ausschließlich vom Fisch lebte. Doch steht das Städtchen noch immer im Zeichen der Sardellen, die hier gefangen und nach traditionellem Einsalzungsverfahren konserviert werden. Wahrscheinlich taten dies schon die Bewohner der griechisch-römischen Stadt **Emporion,** deren Reste nördlich von L'Escala ausgegraben wurden. Die Bebauung rund um die Strandpromenade von L'Escala ist schlicht. Am Wasser reihen sich eher gesichtslose Lokale, Läden und das eine oder andere Pub aneinander. Eindrucksvoller ist der schlichte, archaisch anmutende Ortskern mit historischen Gebäuden wie der **Pfarrkirche Sant Pere,** dem Geburtshaus der Schriftstellerin Caterina Albert i Paradís, die im 19. Jahrhundert Romane und Erzählungen unter dem Pseudonym Victor Català veröffentlichte, und vor allem dem **Alfolí de la Sal,** in dem in früheren Zeiten das kostbare Salz für die Konservierung des Fischs aufbewahrt wurde.

Wer mehr über das traditionelle Einlegeverfahren der Sardellen wissen will, sollte das liebevoll gestaltete kleine **Museu de l'Anxova i de la Sal** besuchen (▸ Seite 79). Es zeigt, wie die kleinen Fische, Hauptfanggut dieser Gegend, traditionell haltbar gemacht wurden – und wie auch heute noch die besondere Spezialität von L'Escala, die Anchovis, aus ihnen wird. Dazu werden sie zunächst von Innereien und Köpfen befreit, gereinigt und mit grobem Salz, das früher als „weißes Gold“ gehandelt wurde, in Gläser geschichtet. Zum Schluss kommt eine kochende Brühe darüber. Nach etwa sechs Monaten können die Anchovis dann verzehrt werden, wobei man zunächst unter fließendem Wasser das Salz abspült und den Fisch dann mit Olivenöl – am besten auf einem mit Tomate eingeriebenen Brot – serviert.

Das Museum klärt zugleich darüber auf, wie Sardellen in früheren Zeiten gefangen wurden. Das war ein mühsames Geschäft, das die ganze Familie in Anspruch nahm. Nachdem die Fischer auf ihren Lateinsegelbooten vom Fischfang zurückgekommen waren, mussten Frauen und Kinder das Fanggut aus den Netzen pflücken und weiterverarbeiten. Auch das Flicken der Netze war meist Frauenarbeit. Heute wird den Anchovis mit einem großen Sardellen-Fest um den 1. Oktober gehuldigt, wo es allerlei Verköstigungen gibt.

Hauptsehenswürdigkeit von L'Escala sind ansonsten die antiken Ruinen von **Empúries** nördlich vom Zentrum, die bereits auf der nächsten Etappe liegen.

Der stolze Besitz der Freizeitkapitäne im Hafen von L'Escala

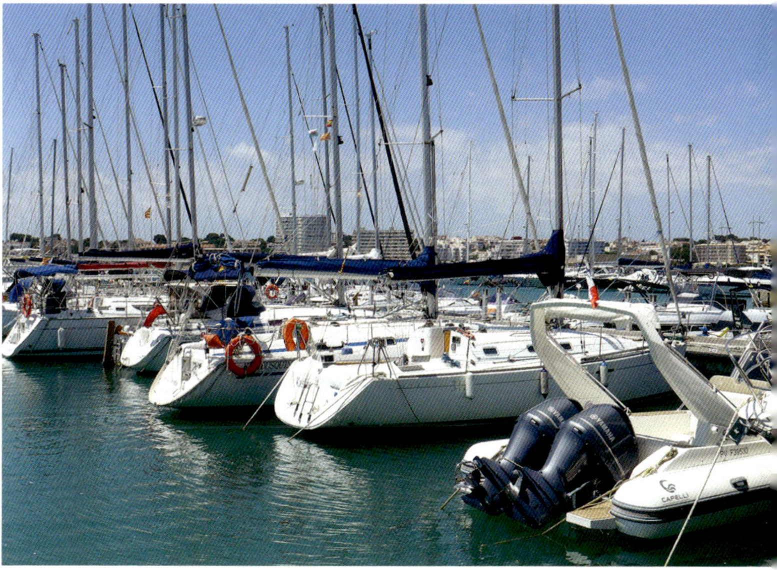

L'Escala – Sant Pere Pescador

9 Von den antiken Ruinen in die Obstkammer des Empordà

Start	Ziel	Länge	Gehzeit
L'Escala	Sant Pere Pescador	12 km	4 Std.

Auf dieser relativ kurzen und einfachen Etappe führt der GR 92 wieder von der Küste weg ins ländliche Hinterland. Hier sollte man sich Zeit nehmen für eine Besichtigung der Ausgrabungen von Empúries, wo einst die Griechen eine Handelssiedlung erbauten, bevor die Römer von hier aus zur Eroberung der Iberischen Halbinsel ansetzten. An dem hübschen Örtchen Sant Martí d'Empúries vorbei geht es dann durch Felder, wo im Sommer Pfirsiche, Äpfel und Melonen reifen. Alternativ kann man am langen, aber ziemlich monotonen Sandstrand weiterwandern. Ziel ist der ehemalige Fischerort Sant Pere Pescador am Fluss Fluvià, der heute Hochburg der Campingtouristen ist.

Ausflug in die Antike: die Ausgrabungen von Empúries

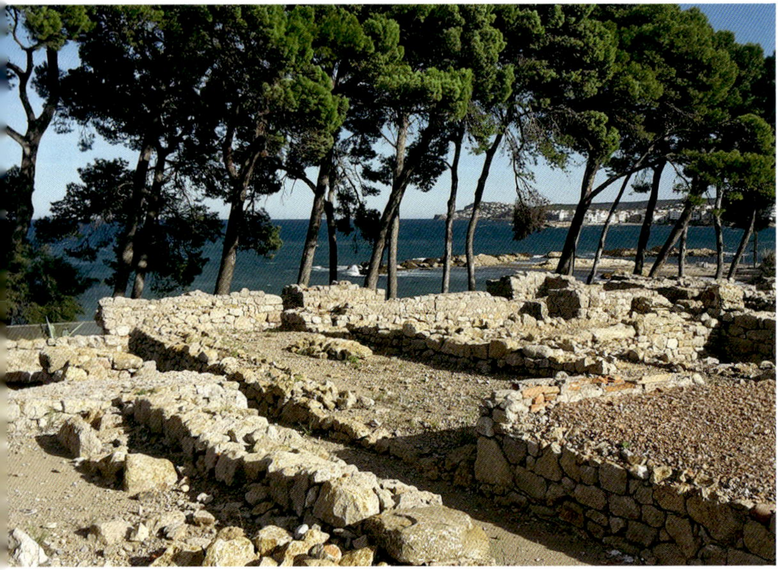

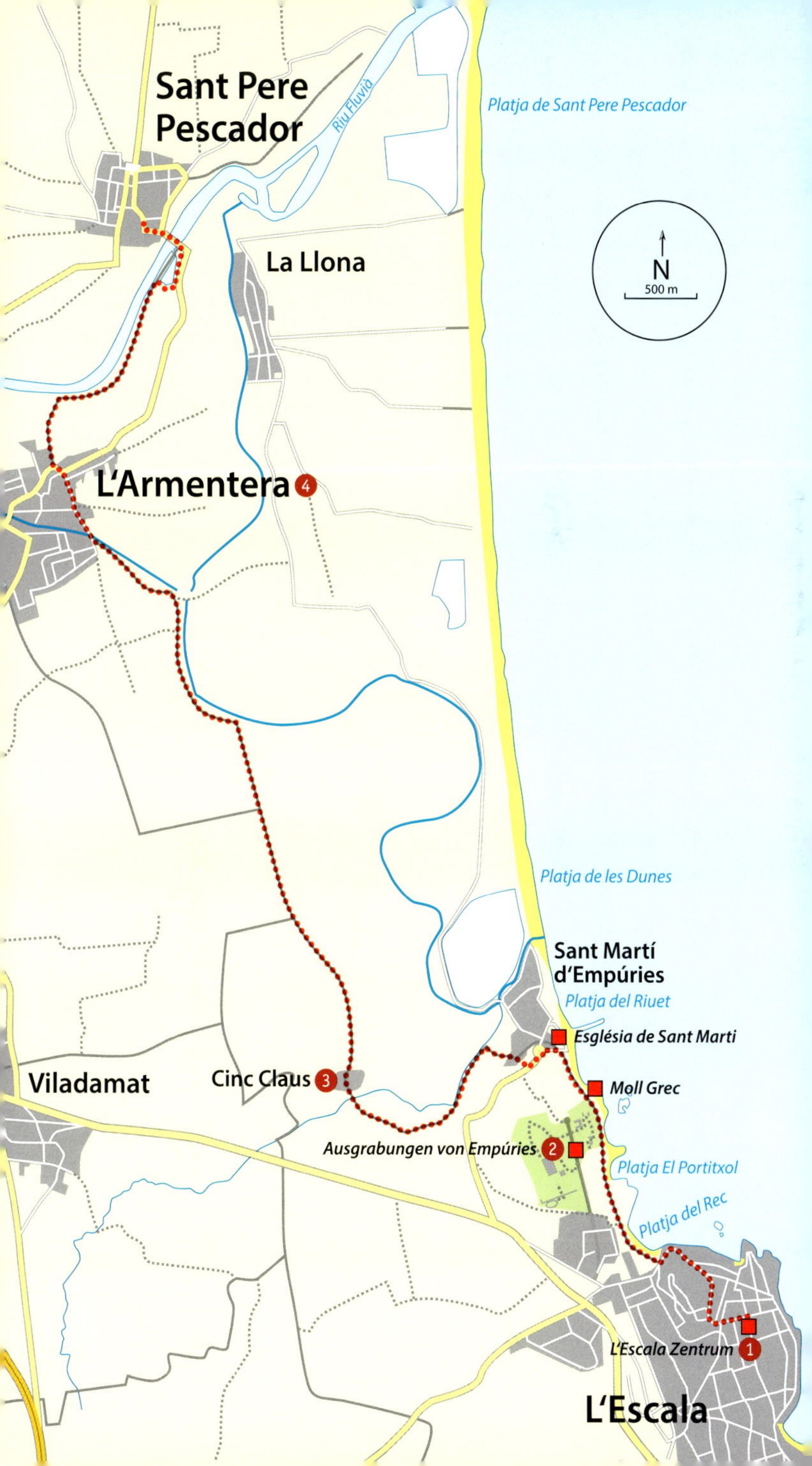

Sant Pere
Pescador
Riu Fluvià
Platja de Sant Pere Pescador
La Llona
N
500 m
L'Armentera
4
Platja de les Dunes
Sant Martí
d'Empúries
Platja del Riuet
Església de Sant Marti
Moll Grec
Viladamat
Cinc Claus
3
Ausgrabungen von Empúries
2
Platja El Portitxol
Platja del Rec
L'Escala Zentrum
1
L'Escala

Infos zur Tour

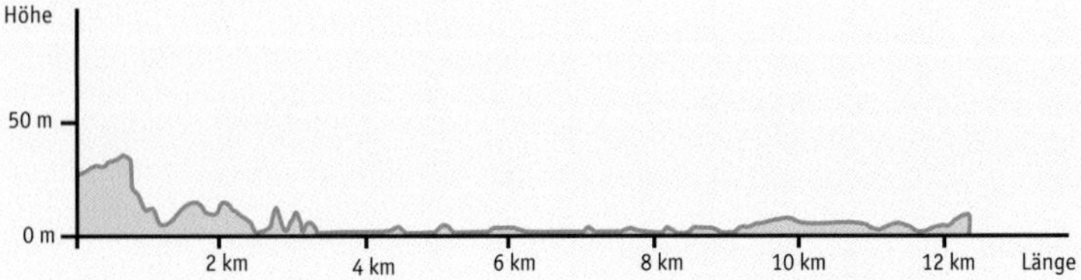

Anfahrt nach L'Escala

Bus: Vom Busbahnhof verkehren Busse von und nach Barcelona, Girona, Pals, Torroella de Montgrí und anderen Orten.
Carrer del Pintor Joan Massanet 1 · 17130 L'Escala · 902 20 30 25 · (Sarfa ▸ Seite 139)

Information L'Escala

Oficina de Turisme
Plaça Escoles 1 · 17130 L'Escala · 972 77 06 03 · www.visitlescala.com

Streckenverlauf

L'Escala – Empúries – Sant Martí d'Empúries – Cinc Claus – L'Armentera – Sant Pere Pescador

Streckencharakteristik

Wanderung auf Feldwegen, stellenweise Hartbelag

Schwierigkeit

Einfach

Für Kinder

Ja

Beschilderung

GR 92

Baden

An den Buchten rund um die Ausgrabungen von Empúries

Übernachten in Sant Pere Pescador

Hotel Can Ceret
Carrer del Mar 1 · 17470 Sant Pere Pescador · 972 55 04 33 · www.canceret.com · Feb. geschlossen
Stilvolles 3-Sterne-Hotel im Ortszentrum, das in Gemäuern aus dem 18. Jahrhundert untergekommen ist. Empfehlenswert ist auch das Restaurant mit schöner Terrasse und bester katalanischer Küche.
(DZ ab 77 €, Frühstück 9 €)

Mas del Joncar
Camí del Joncar 15 · 17470 Sant Pere Pescador · 972 52 10 72 · www.masdeljoncar.com
Eine rundum angenehme grüne Oase ist der Landsitz aus dem 19. Jahrhundert, um den herum Obst angebaut wird. Neben dem Garten mit Pool sorgen das gute Frühstück mit Bio-Produkten für Wohlbefinden, auf Wunsch gibt es auch köstliche abendliche Menüs für 18 €. Wer will, kann sich auch noch ein Picknick für 9 € mitnehmen. (DZ mit Frühstück ab 94 €)

Einkehren in Sant Pere Pescador

Can Font
Carrer del Mar 24 ·
17470 Sant Pere Pescador ·
872 20 32 14
Wer sich nicht lange aufhalten, sondern nur einen kleinen Snack zu sich nehmen will, ist in dieser Bäckerei genau richtig. Außer sehr gutem Brot, Kuchen und Sandwiches gibt es auch kleine Speisen.

La Taverna Gastrobar
Carrer Carme 3 ·
17470 Sant Pere Pecador ·
972 52 03 78 ·
im Winter z. T. nur von Fr–So geöffnet
Das zentral gelegene Lokal überzeugt mit seinem auf Holzkohle gegrillten Fleisch, Fischgerichten sowie Tapas zu vernünftigen Preisen. Auch vegane Menüs.

La Placeta de la Muralla
Carrer del Mar 15 ·
17470 Sant Pere Pescador ·
972 52 03 71 · tgl. ab 9 Uhr
Mag sein, dass es von außen recht unscheinbar aussieht. Aber ob Tapas, ein Salat mit karamellisiertem Ziegenkäse oder ein deftiger Kichererbsen-Eintopf – hier schmeckt alles vorzüglich und die Preise sind mehr als fair. Besondere Spezialitäten sind die Reisgerichte und das Tiramisú des Hauses, die auch auf der Terrasse serviert werden.

Sehenswertes

Museu d'Arqueologia de Catalunya – Empúries
Carrer Puig i Cadafalch ·
17130 L'Escala · 972 77 02 08 ·
www.macempuries.cat ·
Mitte Feb.–Mai und Okt.–Mitte Nov. tgl. 10–18, Juni–Sep. tgl. 10–20, Mitte Nov.–Mitte Feb. tgl. 10–17 Uhr ·
Eintritt 5,50 €, erm. 4,50 €
Gleich hinterm Strand liegt die Ausgrabungsstätte von Empúries. Hier haben Archäologen die Reste einer griechischen Handelsniederlassung und einer römischen Stadt zu Tage gefördert, von der aus die Iberische Halbinsel erobert wurde. Statuen, Amphoren und andere kostbare Funde sind im angeschlossenen Archäologischen Museum ausgestellt. Empfehlenswert sind die Führungen, die in mehreren Sprachen angeboten werden.

Sant Martí d'Empúries
Ein besonders hübsches Plätzchen ist der ehemalige Bischofssitz nördlich der Ausgrabungsstätte von Empúries, der sich mit Bischofspalast und spätgotischer Patronatskirche auf einem Hügel über dem Meer erhebt. Neben Resten der alten Stadtmauer haben sich auch Teile einer Burg aus dem 13. Jahrhundert erhalten. Rund um die Plaça Major gibt es allerlei einladende Lokale.

km 0–2 **Von L'Escala nach Empúries**

Vom **Zentrum von L'Escala** ❶ (Carrer Ample/Avinguda Ave María) läuft man immer am Meer mit mehreren kleinen Buchten und Stränden entlang – alternativ auf der Avinguda del Pedró durchs Zentrum – zum Strand **Platja del Rec** am nördlichen Ortsausgang. Hier führt ein schön angelegter Weg, der Passeig Marítim d'Empúries am Wasser mit einigen traumhaften, von Schatten spendenden Pinien gesäumten Buchten entlang: ob **Platja El Portitxol,** die **Platja de les Muscleres** oder die **Platja del Riuet** – eine ist schöner als die andere. Zwischen ihnen ragt der **Moll Grec** aus dem Meer – Relikt eines Hafens, den die Griechen im 1. Jahrhundert v. Chr. angelegt haben. Direkt dahinter befinden sich auch die **Ausgrabungen** ❷ der von ihnen im 6. Jahrhundert v. Chr. begründeten Handelsniederlassung und einer späteren römischen Siedlung, die man sich unbedingt näher ansehen sollte.

Die antiken Ruinen von Empúries

Wunderbar gelegen in nächster Nähe zum Meer laden die Ausgrabungen zu einer Reise in die Zeit vor 2500 Jahren ein, als die Griechen hier erstmalig im 6. Jahrhundert v. Chr. an Land gingen und die Handelskolonie **Emporion** errichteten. Noch gut erhalten sind die Reste der südlichen Stadtmauer, von Tempelanlagen,

Ob die Siedler des römischen Empúries wirklich so ausgesehen haben?

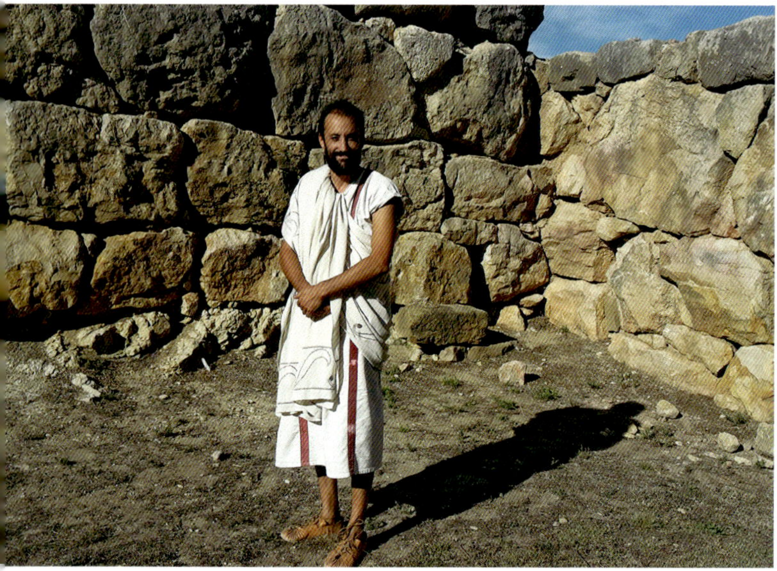

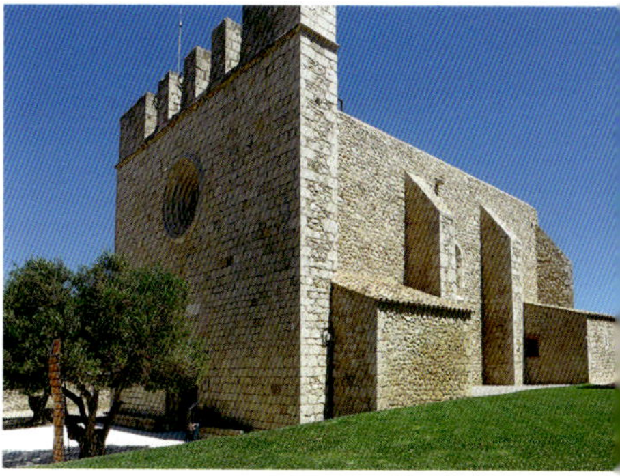

Die spätgotische Kirche von Sant Martí d'Empúries

Häusern mit Wasserleitungen, dem Marktplatz und einer ersten Sardinenfabrik, wo die Fische bereits mit Salz konserviert wurden. Im angeschlossenen **Archäologischen Museum** sind auch Statuen, etwa des heilenden Gottes Asklepios, und schöne Amphoren zu bewundern. Als das antike Rom 218 n. Chr. zur Eroberung des westlichen Mittelmeers aufbrach, landete hier ein erstes Heer, für das zunächst ein Militärlager und später eine ganze **römische Stadt** oberhalb der griechischen Siedlung errichtet wurden. Auch hier haben die Fundamente stattlicher Residenzen mit Atrium sowie Reste von Thermen und Tempeln die Zeit überdauert (▸ Seite 87).

Neben Führungen in mehreren Sprachen sind auch die Konzerte des sommerlichen Musikfestivals zu empfehlen, wenn inmitten der alten Steine Chansons, Flamenco- oder Gitarrenklänge zu hören sind (Infos zum Musikfestival unter www.concertsempuries.com).

Von Empúries nach Sant Pere Pescador km 2–12

An den Ausgrabungen vorbei läuft man auf dem von Pinien gesäumten Küstenweg weiter nach **Sant Martí d'Empúries,** das sich mit Bischofspalast und Kirche unweit auf einem Hügel über dem Meer erhebt. Der befestigte mittelalterliche Ort ist ein wahres Kleinod und in der Saison mit seinen Lokalen leider recht überlaufen. Trotzdem lohnt es, durch die Gassen und über die Plaça Major zu laufen und den wunderbaren Blick von oben über die Küste mit dem weiten **Golf von Roses** zu genießen. Die große Stunde für Sant Martí schlug zur Zeit der Karolinger im Mittelalter, als das Dorf Sitz der Grafschaft von Empúries wurde. 1538 entstand die schöne spätgotische **Patronatskirche Sant Martí** auf den Überresten eines romanischen Tempels (▸ Seite 87). Außerdem haben sich – neben Resten der **Stadtmauer** – auch die einer **Burg** aus dem 13. Jahrhundert erhalten.

Von Sant Martí d'Empúries geht es nun von der Küste weg ins Landesinnere. Dazu läuft man vom Kreisverkehr unterhalb des Orts ein Stück entlang der Landstraße GI-6307 nach L'Escala, bis rechts der markierte Wanderweg abzweigt. Hier ändert sich das Bild vollständig.

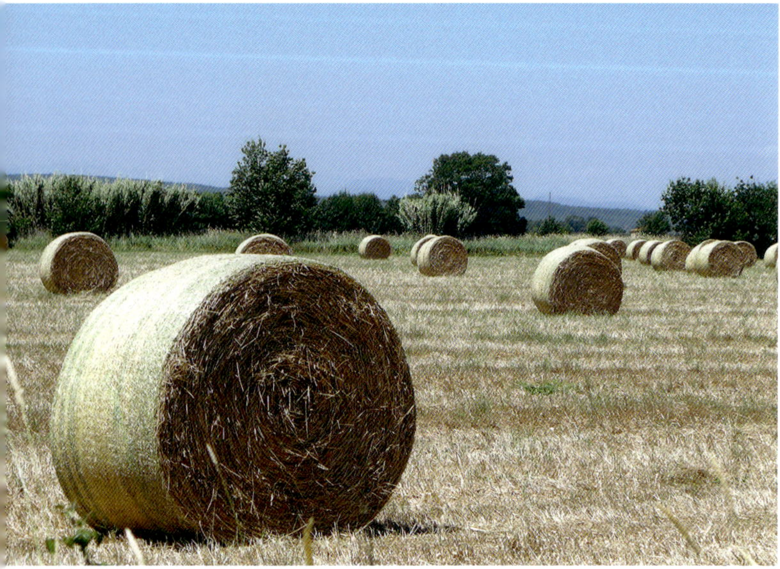

Ländliche Impressionen aus dem Hinterland

Statt Meer und Küste geht es durch eine gänzlich flache, einsam anmutende Landschaft. Weit und breit schweift der Blick über Felder. Schon bald erreicht man das Örtchen **Cinc Claus** 3 (wörtlich übersetzt „fünf Schlüssel"), das aus einigen Gehöften besteht. Doch sind dies keine schlichten Bauernhäuser, vielmehr stattliche Landsitze, die darauf hindeuten, dass der Obst- und Gemüseanbau hier zeitweise zu großem Wohlstand geführt hat.

Weiter wandert man der rot-weißen Markierung folgend auf Feldwegen, teilweise auch am Flüsschen **Riu Vell** entlang (und dem Restaurant Pera Batlla, Camp del Molí, an einer alten Wassermühle mit schönem Garten und kreativer, nicht ganz billiger Küche) bis nach **L'Armentera** 4, einen weiteren archaisch wirkenden, landwirtschaftlich geprägten Ort, wo es auch einige Lokale gibt (zum Beispiel Restaurant Ca La Gemma · Carretera de Roses 15). Diesen durchquert man und läuft über die Landstraße hinweg auf dem letzten Abschnitt der Wanderung am Ufer des **Fluvià** entlang, bis links hinter dem kleinen Hafen eine Brücke ins Zentrum von Sant Pere Pescador führt.

Sant Pere Pescador

Sant Pere Pescador an der Mündung des Flusses Fluvià ist ein recht schlichtes Dorf inmitten von fruchtbaren Obstplantagen, dem man seine mehr als 1 000-jährige Geschichte nicht unbedingt ansieht. Doch in den Gassen abseits der Hauptstraße lassen sich allerlei historische Gebäude wie die stolze, vom 16. bis 19. Jahrhundert erbaute **Casa Caramany** oder die **Pfarrkirche** mit kunstvollem Portal aus dem 17. Jahrhundert entdecken.

In der Saison geht es hier mitunter sehr betriebsam zu, wenn Urlauber zum 2,5 Kilometer entfernten, über 6 Kilometer langen Sandstrand strömen. Reizvoll neben dem feinen Sand, der an der Costa Brava eher Mangelware ist, sind hier die unverbauten Dünen. Rundum locken viele, sehr gut ausgestattete Campingplätze, die sich teilweise in niederländische Hochburgen verwandeln. Mit ihrem Sportangebot sind sie aber auch bei Windsurfern anderer Länder beliebt. Das flache Hinterland ist dagegen landwirtschaftlich geprägt. Dass rings um Sant Pere Pescador jede Menge Obst und Gemüse angebaut wird, erkennt man an den vielen Verkaufsständen. Hier kann man sich mit Pfirsichen, Melonen und Äpfeln eindecken, die man selten frischer und schmackhafter bekommt.

Den besten und billigsten Reiseproviant gibt es auf den Märkten

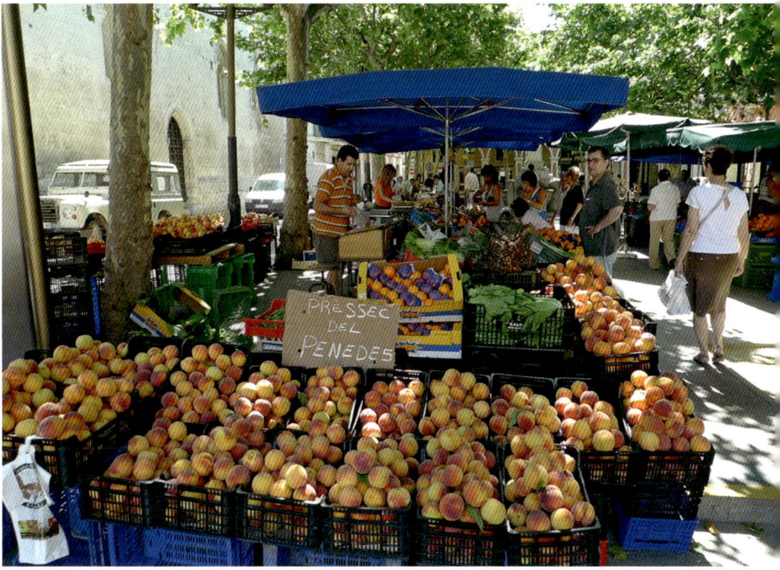

10 Sant Pere Pescador – Roses

Abstecher ins Vogelparadies

Start	Ziel	Länge	Gehzeit
Sant Pere Pescador	Roses	19 km	6 Std.

Diese lange Etappe führt weiter durch flache Landschaft an der Küste, wo die Muga ins Mittelmeer mündet. Besonders reizvoll ist hier die Sumpflandschaft, die als Parc d'Aiguamolls unter Naturschutz steht und Durchgangsstation oder Heimat von Flamingos, Störchen, vielen seltenen Vogelarten und anderen Tieren ist. Hat man das Feuchtgebiet mit seinen Kanälen und Teichen durchquert, sorgen die quirligen Tourismushochburgen Empuriabrava und Roses für ein heftiges Kontrastprogramm. Immerhin zeugen in Roses abseits der langen Sandstrände auch Dolmen, Menhire und eine mächtige Zitadelle davon, dass die Gegend auch schon vor Jahrtausenden voller Leben war. Eventuell kann man das letzte, nicht so schöne Stück auch mit Bus oder Taxi zurücklegen.

Auf Stegen lässt sich die Sumpflandschaft Aiguamolls durchqueren

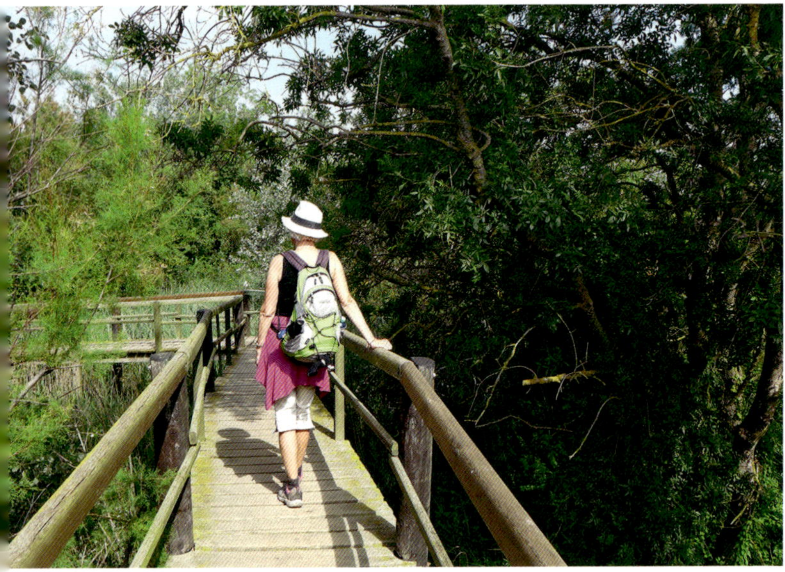

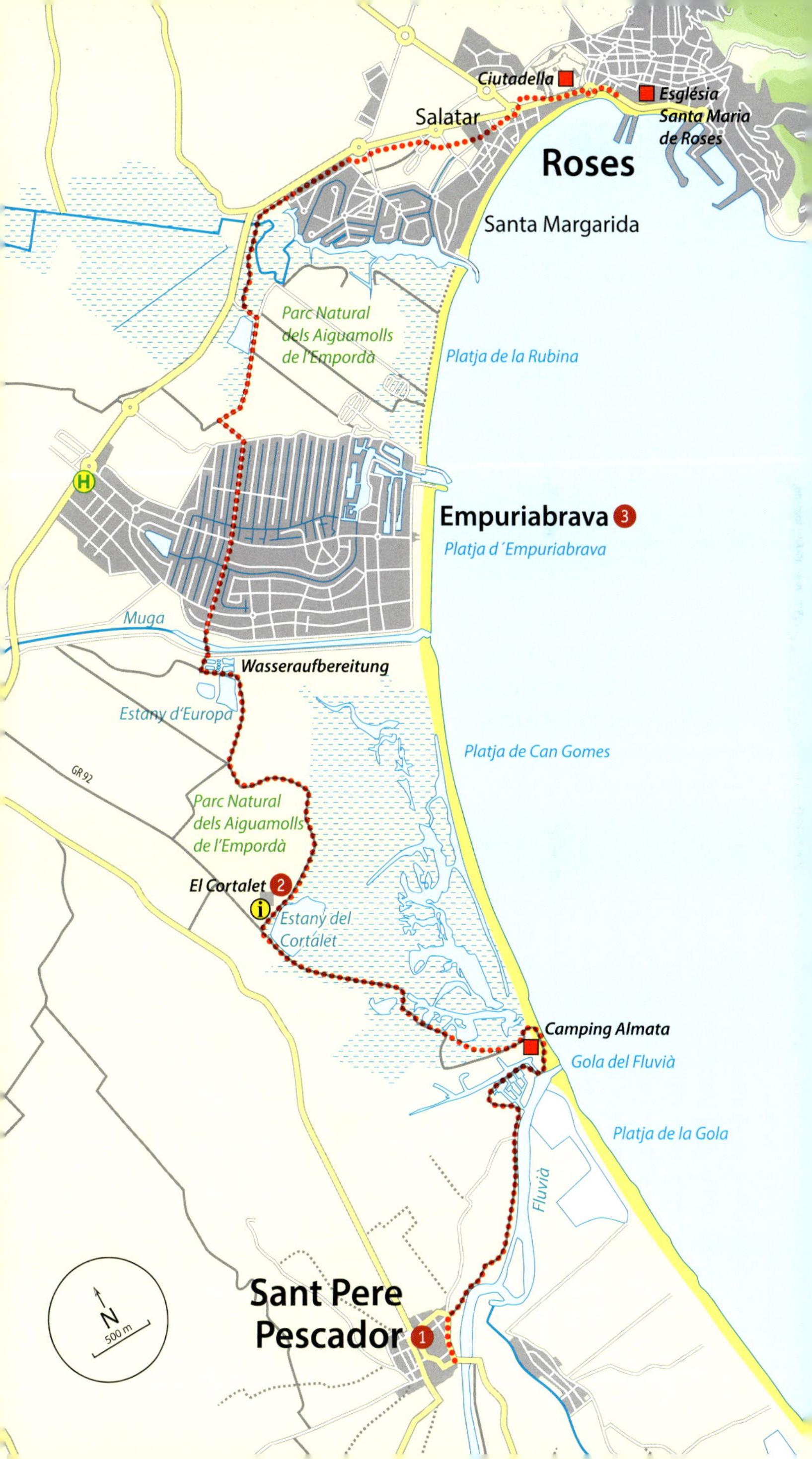

Ciutadella
Església
Santa Maria
de Roses
Salatar
Roses
Santa Margarida
Parc Natural
dels Aiguamolls
de l'Empordà
Platja de la Rubina
Empuriabrava 3
Platja d´Empuriabrava
Muga
Wasseraufbereitung
Estany d'Europa
Platja de Can Gomes
GR 92
Parc Natural
dels Aiguamolls
de l'Empordà
El Cortalet 2
Estany del
Cortalet
Camping Almata
Gola del Fluvià
Platja de la Gola
Fluvià
Sant Pere
Pescador 1
N
500 m

Infos zur Tour

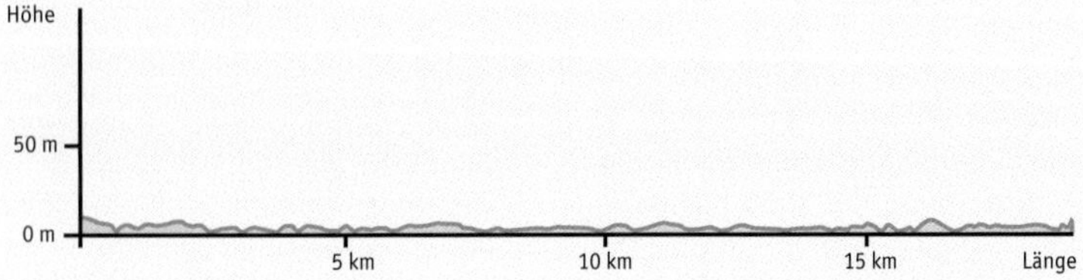

Anfahrt nach Sant Pere Pescador

Bus: Die Haltestelle in Sant Pere Pescador ist an der Ecke der Landstraße GIV-6217/Carrer Comtessa de Molins. Busverbindungen von und nach L'Escala, Torroella de Montgrí, Roses, Girona und andere Orte (Sarfa ▶ Seite 139)

Information

Oficina de Turisme
Carretera de la Platja · 17470 Sant Pere Pescador · 972 52 05 35 · www.visitsantpere.com

Streckenverlauf

Sant Pere Pescador – Campingplatz Almata – El Cortalet – Empuriabrava – Santa Margarida – Roses

Streckencharakteristik

Landschaftlich teils sehr reizvolle Wanderung durch Naturschutzgebiet, teils etwas monotone Strecke durch Siedlungsgebiet mit Hartbelag

Schwierigkeit

Einfach

Für Kinder

Ja, bei entsprechendem Durchhaltevermögen

Beschilderung

GR 92 und lokale Ausschilderung

Baden

Am Strand von Sant Pere Pescador und in Roses

Übernachten in Roses

Hotel La Terraza
Avinguda de Rhode 34 · 17480 Roses · 972 25 61 54 · www.hotelterraza.com
Viel Komfort bietet das komplett renovierte, traditionsreiche 4-Sterne-Hotel in bester Strandlage mit Beach Club, Schwimmbad, Spa und Minigolfanlage. Das Restaurant ist nur bedingt zu empfehlen.
(Ostern–Okt. DZ mit Frühstück ab 90 €)

Hotel Risech
Avinguda de Rhode 185 · 17480 Roses · 972 25 62 84 · www.hotelrisech.com
Günstige Unterkunft in zentraler Lage mit 2-Sterne-Komfort. Schlichte, aber freundliche Zimmer z. T. mit Balkon und Meerblick, nettes Restaurant.
(DZ ab 54 €, mit Frühstück ab 60 €)

Einkehren in Roses

La Sirena
Plaça Sant Pere 7 · 17480 Roses · 972 25 72 94 · Di–So 9–24 Uhr, So Abend sowie im Jan. geschlossen
Hier kann man sich unweit der Strandpromenade an einer großen Auswahl an frischem Fisch und Meeresfrüchten, aber auch vegetarischen Gerichten oder Tapas satt essen.

Café-Bistro Si us plau
Passeig Marítim 1 · 17480 Roses · 659 13 61 96 · tgl. ab 9 Uhr
Wenn es ein paar Snacks, Sandwiches oder ein Salat sein sollen, ist man hier auf der Terrasse oder in den Innenräumen an der Strandpromenade genau richtig. Auch gute Cocktails.

Die Insel
Carrer dels Pescadors 17 · 17480 Roses · 972 25 71 23 · Mi–So 13–15 und 19–23.30 Uhr
Hier wird man für die letzten Strapazen des Wandertags rundum entschädigt. Auch wenn der deutsche Name eher Sauerbraten vermuten lässt, stehen die Inhaber Chonny und Harry für eine raffinierte mediterrane Küche mit spanischen Spezialitäten wie Paella oder in Salzkruste gegartem Barsch. Je nach Saison werden auch Spargel oder Steinpilze serviert. Die Preise sind etwas gehoben, günstiger kommt man am Mittwochabend (21 €) oder bei den Mittagsmenüs zwischen 17 € und 22,50 € weg.

Sehenswertes

Informationszentrum El Cortalet des Parc d'Aiguamolls
Carretera de Sant Pere Pescador a Castelló d'Empúries · 972 45 42 22 · März–Sep. tgl. 9.30–14 und 16.30–19, Okt.–März 9.30–14 und 15.30–18 Uhr
Das Bauernhaus ist Empfangs- und Informationszentrum für den Naturpark Aiguamolls. In dem einzigartigen Ökosystem an der Flussmündung von Muga und Fluvià sind seltene Vogelarten wie Zwergrohrdommeln, Schlangenadler, Rotfußfalken, Flamingos oder Weißstörche zu Hause. Ein besucherfreundliches Wegesystem mit Holzstegen und Beobachtungshäusern führt durch das Gelände mit vielen Wasserläufen und Teichen.

Ciutadella (Zitadelle)
Avinguda de Rhode · 17480 Roses · 972 15 14 66 · Juli/Aug. 10–21, Juni/Sep. 10–20, Okt.–Mai Di–So 10–18 Uhr · Eintritt 4 €, erm. 2,50 €, Führungen 5 €
Hinter den mächtigen Mauern der Festungsanlage am Ortseingang von Roses überlagern sich verschiedene Zeitalter. Im 4. Jahrhundert v. Chr. von Griechen begründet, siedelten sich hier später die Römer an. Vom 11. Jahrhundert an entstand am selben Ort die romanische Basilika Santa María, bevor alles zu einer Festungsanlage im Stil der Renaissance ausgebaut wurde. Zum besseren Verständnis werden Führungen in unterschiedlichen Sprachen angeboten.

km 0–7 Von Sant Pere Pescador zum Informationszentrum El Cortalet

Ausgangspunkt ist das Zentrum von **Sant Pere Pescador** ❶. Man geht zu der Brücke über den Fluvià, die man von Etappe 9 kommend überquert hat. Vor der Brücke zweigt links die mit Markierungen des GR 92 versehene Straße Camí del Joncar ab, die am **Mas del Joncar** (Etappe 9, Übernachten ▸ Seite 86) vorbeiführt und in einen Feldweg übergeht. Bald gelangt man zum bewaldeten Ufer des Fluvià, wo es auf einem Pfad am Wasser weitergeht. Von Schilf umstanden schlängelt sich der Fluss dem Meer entgegen und gibt ein beschauliches Bild ab. Hier und da wartet ein Angler am Ufer darauf, dass ein Fisch anbeißt.

Kurz vor der Mündung umgeht der Weg einige Kanäle und Reste einer wieder aufgegebenen Siedlung und führt schließlich über eine Brücke zum Strand. Hier wendet man sich nach links, umwandert kurz das Gelände des **Campingplatzes Almata** mit vielen Dauercampern an der **Platja de Can Gomes,** bis links der sehr schön angelegte, etwa vier Kilometer lange Pfad abzweigt, der teils über kleine Stege und Brücken und an Teichen vorbei durch das Naturschutzgebiet **Aiguamolls** zum ehemaligen Bauernhaus **El Cortalet** ❷ führt, das auch Empfangs- und Informationszentrum für den Naturpark ist. Hier stehen zumindest Getränkeautomaten für eine Erfrischung bereit.

Kein seltener Anblick im Vogelparadies

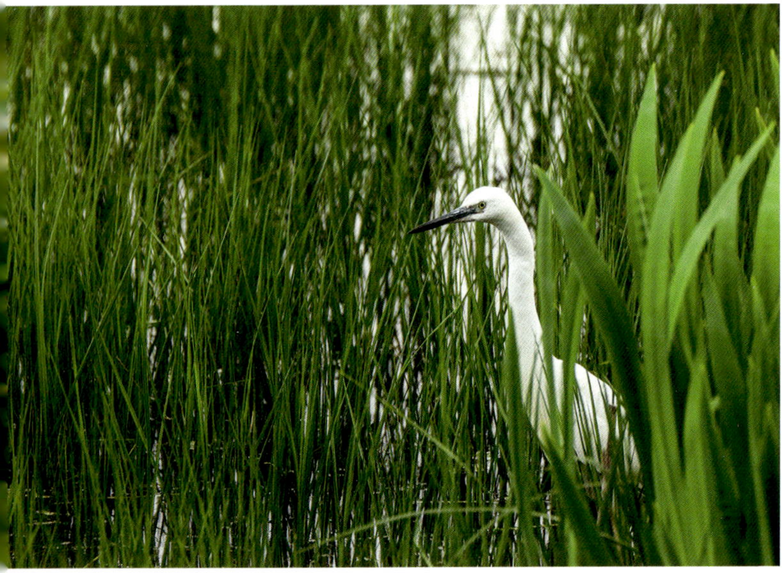

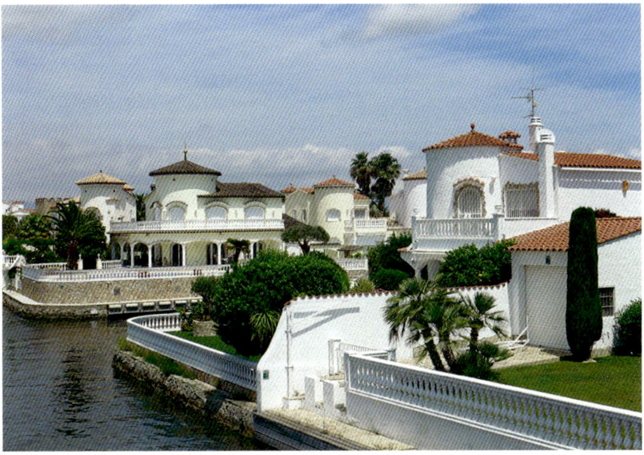

Die verspielten Villen von Empuriabrava sind auch Domizil vieler Deutscher

Parc Natural dels Aiguamolls

Wörtlich übersetzt heißt der Park „weiche Wasser". Gemeint ist die Sumpflandschaft an der Flussmündung von Fluvià und Muga voller Lagunen und Kanäle, die von dichten Schilfgürteln umwuchert sind. Ursprünglich sollte sie in den 1970er-Jahren trockengelegt werden und einer Jachthafensiedlung weichen. Doch massive Proteste von Naturschützern haben dafür gesorgt, dass es hier heute nicht so aussieht wie im benachbarten **Empuriabrava** und sich ein einzigartiges Ökosystem erhalten hat.

Seitdem das rund 48 Quadratkilometer große Sumpfgebiet unter Naturschutz steht, wurde ein besucherfreundliches Wegesystem angelegt mit Holzstegen und Beobachtungshäusern, von denen aus man mit etwas Glück und Geduld mehr oder weniger seltene Vogelarten wie Zwergrohrdommeln, Schlangenadler, Rotfußfalken, Flamingos oder Weißstörche erspähen kann. Dazu eignen sich am besten die frühen Morgen- und späten Abendstunden vor Sonnenuntergang. Aber auch tagsüber ist meist intensives Vogelgezwitscher – je nach Jahreszeit auch das Klappern von Störchen oder ein Kuckucksruf – zu hören.

Außerdem sind hier Camargue-Pferde, eine besondere Rinderart, Füchse, Damhirsche sowie alle möglichen Arten von Reptilien, Fischen oder Amphibien zu Hause. Der Parc Natural dels Aiguamolls ist frei und kostenlos bis Sonnenuntergang zugänglich (▸ Seite 95).

km 7–19 Von El Cortalet nach Roses

Während der GR 92 nun wieder einen weiten Bogen durchs Hinterland macht, empfiehlt es sich, auf der kürzeren Variante über Empuriabrava nach Roses zu wandern. Vom Informationszentrum **El Cortalet** läuft man zunächst auf einem – meist wenig befahrenen – Radweg weiter durch das Sumpfgebiet, um den Teich **Estany Europa** herum, bis es bei einer Wasseraufbereitungsanlage auf einer schönen Holzbrücke über den **Fluss Muga** und sogleich in eine kleine Parkanlage geht. Jetzt ist es mit der Einsamkeit vorbei. Geradeaus gelangt man direkt in den modernen Ferienort, der erst in den 1970er-Jahren entstand und so etwas wie die Hochburg der Freizeitkapitäne ist. Denn **Empuriabrava** 3 durchziehen, ähnlich wie das Sumpfgebiet, Kanäle. Die säumen verspielte Villen und Apartmenthäuser, deren Besitzer oft ihr Boot gleich neben der Haustür im Wasser liegen haben. Der Weg führt hier immer geradeaus auf dem Carrer Carlit und dem Carrer del Garbí durch den Ort – den Strand, Einkaufszentren und anderes lässt man rechts liegen.

Anschließend geht es auf dem Radweg weiter durch Wiesen und Felder eines weiteren Teils des Naturparks Aiguamolls, der auch landwirtschaftlich genutzt wird. Schließlich nähert sich der Weg der Landstraße nach Roses und führt nun leider meist auf Hartbelag an wenig reizvollen Gewerbegebieten, Möbelhäusern und Supermärkten zunächst in den Ortsteil Santa Margarida und weiter ins Zentrum von **Roses.** Wer diesen weniger attraktiven Abschnitt vermeiden will, kann in Empuriabrava vom Carrer del Garbí links in den Carrer Empúries C abbiegen und zur Landstraße C-260 weiterlaufen, wo regelmäßig Busse nach Roses fahren (Sarfa ▸ Seite 139). Alternativ kann man sich ein Taxi bestellen (972 25 30 33 · www.taxisroses.com · ca. 17 €)

Roses

Roses ist heute ein beliebter und stark frequentierter Ferienort, dessen Einwohnerzahl von rund 20 000 in der Hochsaison leicht auf das Zehnfache anwächst. Entsprechend viele Apartmenthäuser, Hotels und Lokale reihen sich rund um den langen Hauptstrand und die dahinter liegenden, durchaus reizvollen Buchten aneinander. Während der Nachbarort Empuriabrava noch ganz jung ist, war die Gegend um Roses aber schon vor Jahrtausenden besiedelt. Davon zeugen nicht nur die Relikte der Jungsteinzeit im **Parc Megalític** oberhalb von Roses an der Straße zur **Cala Montjoi.** Auch in der geschichtsträchtigen **Ciutadella** (Zitadelle), die mit ihren mächtigen Mauern am Ortseingang überdauert hat, überlagern sich verschiedene Zeitalter. Im 4. Jahrhundert v. Chr. von

Griechen begründet, siedelten sich hier später die Römer an. Vom 11. Jahrhundert an entstand am selben Ort die romanische Basilika Santa María, die Teil eines mittelalterlichen Klosters war. Danach ließ wiederum Kaiser Karl V. die eigentliche Festungsanlage im Stil der Renaissance errichten. Am besten lässt man sich diesen Mix aus Stilen und Epochen bei einer der Führungen erklären, die hier regelmäßig in unterschiedlichen Sprachen angeboten werden (▸ Seite 95).

Bewegt man sich von der Strandpromenade in Richtung Ortszentrum, lassen sich nicht weit von der Plaça Catalunya im älteren Ortsteil von Roses auch die Kirche **Santa Maria de Roses** sowie einige schöne Häuser im Jugendstil oder im Stil des Neoklassizismus finden. Sie entstanden gegen Ende des 19. Jahrhunderts, als einige der Kuba-Seefahrer zu Wohlstand gekommen waren und in ihre Heimat zurückkehrten. Aus dieser Zeit stammt auch der hübsche **Leuchtturm** an der **Punta Brancals** auf dem Weg nach Cadaqués. Unweit davon hat die Festung **Castell Trinitat** aus dem 16. Jahrhundert überdauert (Juni–Sep. tgl. 17–20, sonst Sa 15–18, So 10–14 Uhr).

An der Strandpromenade von Roses wartet manch einer auf das große Geschäft

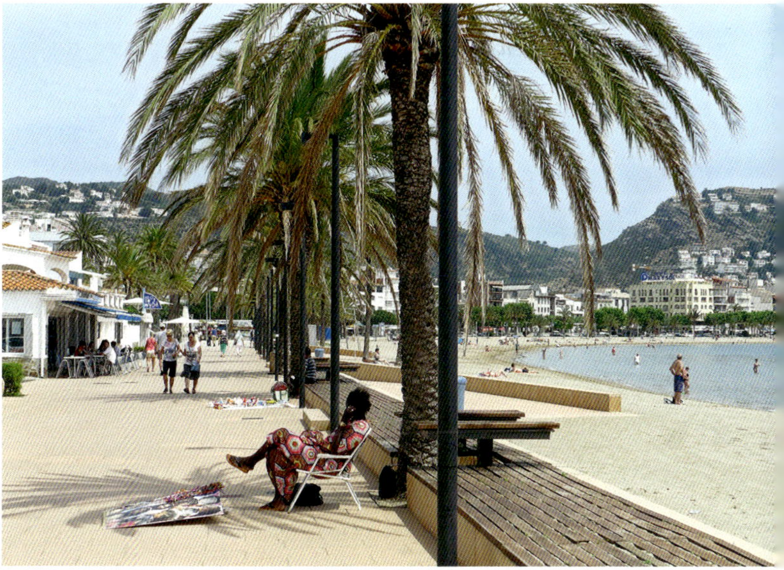

11 Roses – Cadaqués
Über einsame Berge ins Künstlerdorf

Start	Ziel	Länge	Gehzeit
Roses	Cadaqués	19 km	6,5 Std.

Diese recht lange und anstrengende Etappe enthält wieder eine geballte Ladung Steilküste. Sobald man das quirlige Roses hinter sich gelassen hat – eventuell kann man für das erste, nicht ganz so reizvolle Stück ein Taxi nehmen –, geht es über das Cap Norfeu in stetem Auf und Ab an einsamen Buchten entlang nach Cadaqués. Die Hälfte des Wegs verläuft bereits im Gelände des Naturparks Cap de Creus, der zu den spektakulärsten Abschnitten der Costa Brava gehört. Von der Tramuntana, dem heftigen Nordwind geformt, ist er durch karge Gebirgslandschaft mit typisch mediterranem Buschwerk wie Rosmarin und Zistrosen gekennzeichnet. Ziel ist das weiße Künstlerdorf, das sich an eine riesige Bucht schmiegt.

Aus Cadaqués nicht wegzudenken: das Dalí-Haus an der Bucht von Portlligat

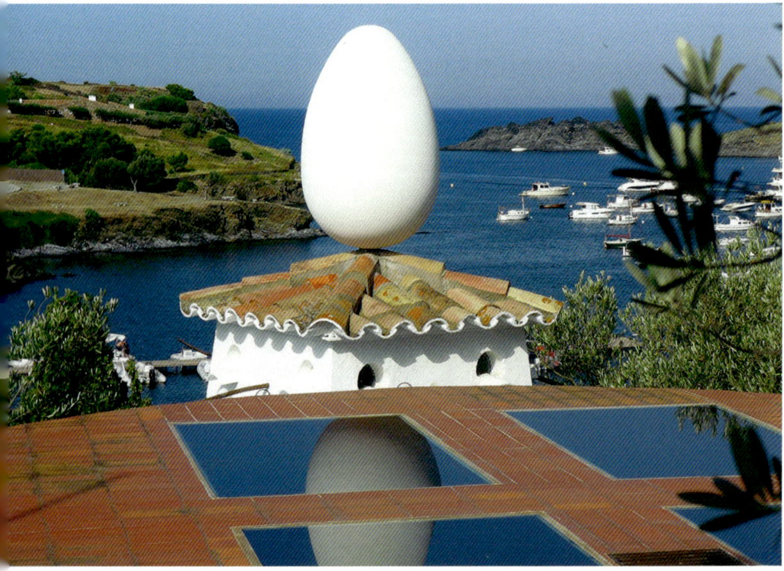

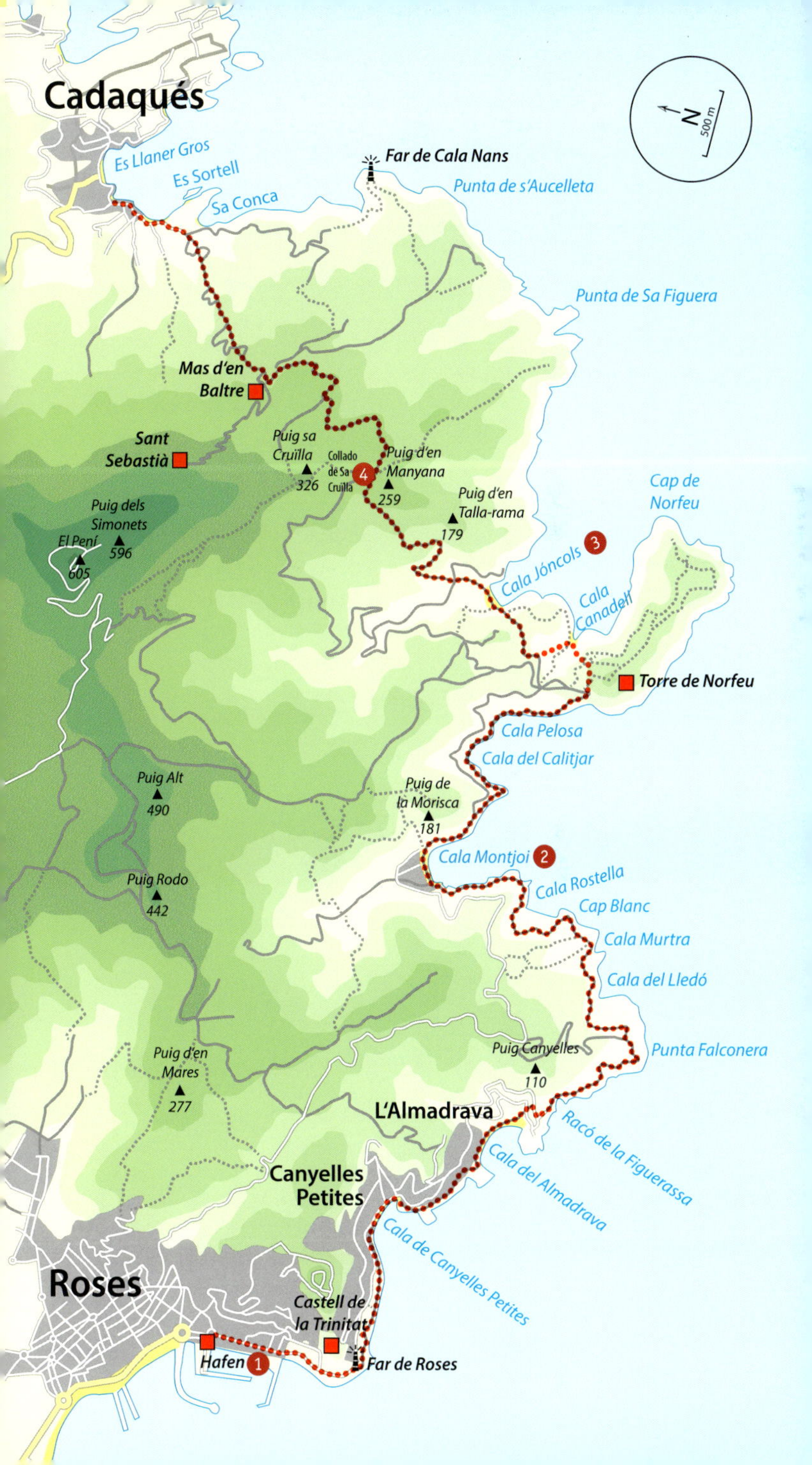
Cadaqués
Es Llaner Gros
Es Sortell
Sa Conca
Far de Cala Nans
Punta de s'Aucelleta
N
500 m
Punta de Sa Figuera
Mas d'en Baltre
Sant Sebastià
Puig sa Cruïlla
326
Collado de Sa Cruïlla
4
Puig d'en Manyana
259
Puig d'en Talla-rama
179
Puig dels Simonets
596
El Pení
605
Cap de Norfeu
3
Cala Jóncols
Cala Canadell
Torre de Norfeu
Cala Pelosa
Cala del Calitjar
Puig Alt
490
Puig de la Morisca
181
Cala Montjoi
2
Cala Rostella
Cap Blanc
Puig Rodo
442
Cala Murtra
Cala del Lledó
Punta Falconera
Puig Canyelles
110
Puig d'en Mares
277
L'Almadrava
Racó de la Figuerassa
Cala del Almadrava
Canyelles Petites
Cala de Canyelles Petites
Roses
Castell de la Trinitat
Hafen
1
Far de Roses

Infos zur Tour

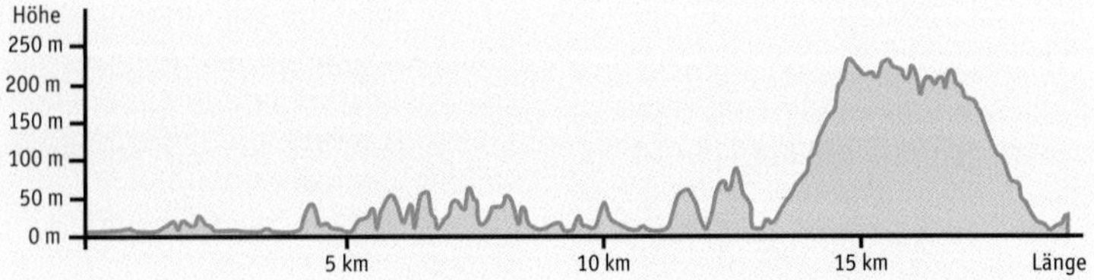

Anfahrt nach Roses

Bus: Neben dem Busbahnhof (Carrer de la Riera de Ginjolers 103 · 17480 Roses) gibt es noch Haltestellen im Ortsteil Santa Margarida. Busverbindungen von und nach Barcelona, Girona, Cadaqués, Empuriabrava, Sant Pere Pescador und andere Orte (Sarfa ▶ Seite 139)

Schiffsverbindungen

Don Pancho Roses
972 15 24 26 · www.donpancho.org · Ostern–Okt.

Els Blaus de Roses
609 32 81 77 · www.elsblausderoses.com
Ausflugsdampfer beider Unternehmen fahren von Roses aus nach Cadaqués, zum Cap de Creus oder den Medes-Inseln bei L'Estartit.

Information Roses

Oficina de Turisme
Av. De Rhode 77–79 · 17480 Roses · 972 25 73 31 · www.visit.roses.cat

Streckenverlauf

Roses – Cala de Canyelles Petites – Cala del Almadrava – Punta Falconera – Cala Montjoi – Cala Jóncols – Cadaqués

Streckencharakteristik

Im ersten Abschnitt Hartbelag, dann schmale Küstenpfade mit erheblichen Steigungen

Schwierigkeit

Mittel

Für Kinder

Nur für ältere Kinder mit viel Ausdauer

Beschilderung

GR 92

Baden

Cala Canyelles Petites, Cala del Almadrava, Cala Montjoi, Cala Jóncols, Strände in Cadaqués

Übernachten in Cadaqués

Hostal Marina
Riera de Sant Vicenç 3 · 17488 Cadaqués · 972 15 90 91 · im Winter z. T. geschlossen
Zentraler geht es nicht. Helle, komplett renovierte Zimmer, z. T. mit Terrasse und Meerblick. Freundlicher Service und ein sehr gutes Restaurant. (DZ ab 70 €)

Hotel Playa Sol
Es Pianc 3 · 17488 Cadaqués · 972 25 81 00 · www.playasol.com · im Winter z. T. geschlossen
Eine der komfortabelsten und traditionellen Adressen am Ort. An der zentralen Bucht Es Pianc gelegen, überzeugt es mit behaglichen Zimmern, z. T. mit Terrasse und Meerblick, einem großen Garten mit Pool und seinem guten Restaurant. (DZ ab 125 €)

Einkehren in Cadaqués

Es Bar de Dalt
Carrer Carles Rahola 2 · 17488 Cadaqués · kein Telefon · tgl. 8–23 Uhr, im Winter z. T. geschlossen
Im oberen Ortsteil, auf dem Weg nach Portlligat oder zum Cap liegt diese sympathische, unprätentiöse Bar, wo auf der schattigen Terrasse leckere Tapas, aber auch katalanische Spezialitäten wie Bratwurst mit dicken Bohnen serviert werden. Viele frühstücken hier auch gern.

Lua
Carrer Silvi Rahola 12 · 17488 Cadaqués · 972 15 94 52 · tgl. 12–16 und 20–24 Uhr, im Winter z. T. geschlossen
Wenn es nicht unbedingt Paella und konventionelle katalanische Küche sein soll, kann man sich hier an gekonnten Gemüsekreationen, originellen Sandwiches oder auch veganen Menüs satt essen.

Einkehren unterwegs

Restaurant La Pelosa
Cala Pelosa · 972 15 10 09 · www.restaurantlapelosa.com · Ostern–Okt. Mi–Mo 13–17 und 20–22 Uhr
Liegt auf halbem Weg zwischen Roses und Cadaqués.

Hotel Cala Jóncols
Cala Jóncols · 972 25 39 70 · www.calajoncols.com · Apr.–Okt.

Bar/Restaurant Cap de Creus
Carretera del Cap de Creus · 17488 Cadaqués · 972 15 90 05 · www.restaurantcapdecreus.com · tgl. ab 10 Uhr, im Sommer ab 9 Uhr
Einer der spektakulärsten Orte ist die Bar am Cap mit fantastischem Blick über die Landschaft. Im Sommer oft Live-Musik. Dazu gibt es katalanische Küche und indische Spezialitäten.

Sehenswertes

Casa Museu Salvador Dalí
Am Hafen · 17488 Cadaqués OT Portlligat · 972 25 10 15 · www.salvador-dali.org · Nov./Dez. und Mitte Feb.–Mitte März Di–So 10.30–18, Mitte März–Mitte Juni tgl. 10.30–18, Mitte Juni–Mitte Sep. tgl. 9.30–21, Mitte Sep.–Okt. tgl. 10.30–18 Uhr · Eintritt 12 €, erm. 8 €, nur Garten 8 €, erm. 6 €
Unbedingt vorher online reservieren! Pilgerstätte von Dalí-Fans ist das originell gestaltete Domizil des Künstlers, das aus mehreren kleinen Fischerhäuschen und einem großen Garten besteht.

Museu Municipal Cadaqués
Carrer Narcís Monturiol 15 · 17488 Cadaqués · 972 25 88 77 · meist Apr.–Juni Mo–Sa 10.30–13.30 und 16–19, Juni–Mitte Sep. Do–Di 10–20, Mi 10–13 und 15–20 Uhr, Mitte Sep.–Dez. Mo–Sa 10–13.30 und 15.30–18 Uhr · Eintritt 5 €, erm. 4 €
Dass es hier mehr zu sehen gibt als Dalí, beweist das städtische Museum mit wechselnden Ausstellungen.

km 0–8,5 Von Roses zur Bucht Cala Montjoi

Das erste Stück dieser Etappe führt noch durch städtisches Gebiet und ist weniger reizvoll, zumal es meistens über Hartbelag geht. Wer das umgehen will, kann sich mit dem Taxi behelfen (972 25 30 33 · www.taxisroses.com). Von der Strandpromenade aus läuft man mehr oder weniger dicht an der Küste entlang. Nach dem **Jacht- und Fischereihafen** ❶ passiert man zunächst den Leuchtturm **Far de Roses** aus dem Jahr 1864. Oberhalb davon erhebt sich das **Castell de la Trinitat** aus dem 16. Jahrhundert. Es schließen sich die Buchten **Canyelles Petites** und **Almadrava** an, wo sich Hotels, Apartmenthäuser, Lokale und Geschäfte aneinanderreihen. Dann geht es – hin und wieder auch über Treppen – weiter an schönen Stränden, wo man auch schon ein erstes Bad nehmen könnte, langsam aus dem Ort hinaus.

Anschließend beginnt der landschaftlich schönere Teil der Strecke. In stetem Auf und Ab wandert man nun auf schmalen Pfaden an der Steilküste entlang, wo sich zum Teil noch alte Bunkeranlagen befinden. Nach mehreren kleinen Buchten – **Cala del Lledó, Cala Murtra, Cala Rostella** – mit kristallklarem, türkisblauem Wasser erreicht man die **Cala Montjoi** ❷**.** An dieser wesentlich größeren Bucht gibt es Häuser und zwei Kioske, wo man in der Saison Snacks und kühle Getränke bekommt. Man würde nicht unbedingt vermuten, dass sich hier jahrzehntelang das berühmte Lokal „El Bulli" befand, das mehrmals zum weltbesten Restaurant gekürt wurde, und Feinschmecker aus aller Welt anzog, die mit dem Pkw über die kurvenreiche Landstraße oder per Motorboot diesen entfernten Ort aufsuchten, um die Molekularküche des 3-Sterne-Kochs Ferran Adrià zu goutieren. Inzwischen wird das alte Gebäude zum Sitz der „El Bulli Foundation" ausgebaut.

km 8,5–19 Von der Cala Montjoi nach Cadaqués

Man umwandert die Bucht auf dem breiten, nicht asphaltierten (und nur wenig befahrenen) Fahrweg und läuft an letzten Privatgrundstücken vorbei an der Küste entlang zum **Cap de Norfeu,** dessen imposante Silhouette sich schon von Weitem wie der Rücken eines archaischen Ungeheuers über dem Meer abzeichnet. Vorher passiert man noch zwei weitere, wunderschöne, von Pinien umstandene Buchten, die **Cala del Calitjar** und die **Cala Pelosa.** So einsam sie sind, an letzterer lädt in der Saison das **Restaurant Cala Pelosa** mit seiner idyllischen Terrasse zu köstlichen Paellas und anderen Gerichten ein. Von hier geht es nun steil bergauf zum **Cap de Norfeu.** Wer will, kann auch noch einen etwa einstündigen Abstecher zur Spitze dieses gewaltigen Felsvorsprungs machen, wo sich unter anderem die Ruine der **Torre de Norfeu,** eines Turms von 1598, befindet und von dort einen grandiosen Blick zurück auf Roses und die Küste werfen.

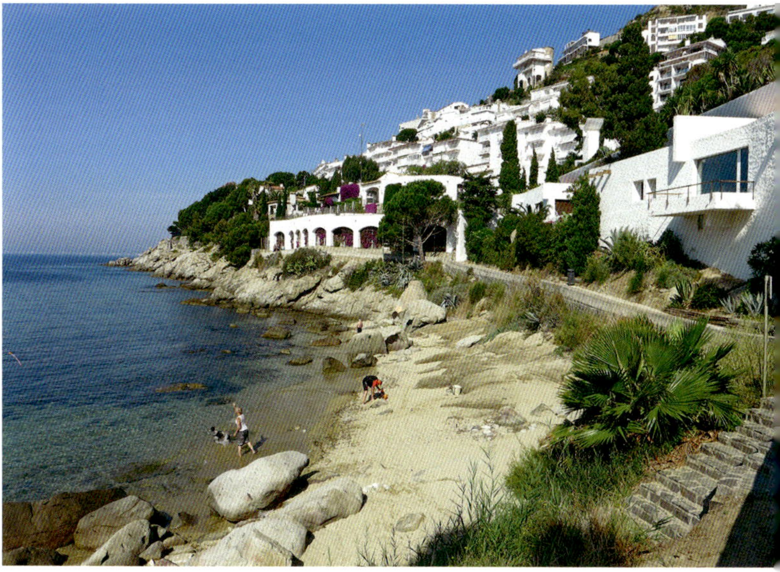

Bis zum Ortsende ist Roses dicht bebaut

Ansonsten geht es auf dem schmalen Pfad jenseits des Fahrwegs, auf den man hier wieder trifft, bergab zur **Cala Canadell** – durch eine Schlucht hindurch, die man dann wieder hoch muss, bevor man schließlich zur **Cala Jóncols** 3 hinuntersteigt. Auch diese Bucht macht außerhalb der Saison einen völlig verlassenen Eindruck. Auf den zweiten Blick sieht man das **Hotel Cala Jóncols** im hinteren Teil, das in der Saison für etwas mehr Betrieb sorgt und wo man sich vor der letzten Etappe noch einmal stärken oder erfrischen kann.

Hat man die Bucht durchquert, wandert man am anderen Ende erst ein Stück Richtung Landesinnere, bevor der Weg in einer scharfen Rechtskurve steil auf einem schmalen Pfad den Berg hinaufführt zum Pass **Collado de Sa Cruïlla** 4 in circa 230 Meter Höhe. Von hier geht es den rot-weißen Markierungen folgend auf dem breiten Fahrweg nach Cadaqués hinunter, wo man selten einem Fahrzeug oder überhaupt einem Menschen begegnet.

Vorbei an einigen stattlichen Gehöften wie dem **Mas d'en Baltre** schlängelt sich der Weg über unzählige Kurven die terrassierten Berge hinunter, die in früheren Jahrhunderten teilweise mit Wein oder Olivenbäumen bepflanzt waren, aber inzwischen weitgehend verwildert sind, sodass nur typisch mediterranes Gestrüpp aus Zistrosen, Rosmarin, wildem Lavendel und Ginster zurückgeblieben ist.

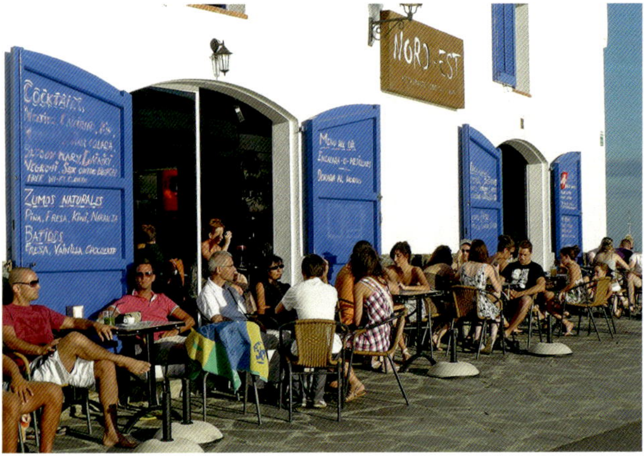

Sehen und gesehen werden im Künstlerdorf Cadaqués

In der Ferne sieht man bereits das weiße Dorf inmitten der weiten Bucht liegen, das Ziel der Wanderung ist. Zwischendurch zweigt links der Weg zur **Ermita de Sant Sebastià** ab, einer hübschen Kapelle in 390 Meter Höhe, die heute zusammen mit dem benachbarten Haus in Privatbesitz ist. Doch bleibt man auf dem Hauptweg nach Cadaqués beziehungsweise den kleinen Pfaden, die ihn immer wieder verkürzen, und lässt auch weiter unten den Abzweig zum Leuchtturm **Far de Cala Nans** rechts liegen. Schließlich gelangt man nahe der Bucht **Sa Conca** in den Ort und am Wasser entlang ins Zentrum von Cadaqués.

Cadaqués

Das einstige Fischerdorf, das durch Künstler wie **Salvador Dalí** berühmt wurde, ist zwar in den letzten Jahrzehnten mächtig gewachsen, aber sicher noch einer der schönsten Orte an der Küste. Pablo Picasso, Paul Éluard, Santiago Rusiñol, Maurice Utrillo, Marcel Duchamp und Richard Hamilton – sie alle haben sich von der weißen Häuseransammlung an der weiten Bucht und vor allem vom **Cap de Creus,** der östlichsten Spitze Spaniens, beeindrucken lassen, wo die Pyrenäen in einer bizarren Mondlandschaft auslaufen und mit einer geballten Felsladung ins Mittelmeer fallen. Für Dalí war das Cap „ein grandioses geologisches Delirium". Lange Zeit lebte und arbeitete er in nächster Nachbarschaft in einem Ensemble kleiner Fischerhäuser an der Bucht von Portlligat, die heute Museum sind. Die originell dekorierten Innenräume und der sie umgebende Garten sind ebenso beeindruckend wie der Blick auf die zerklüftete Landschaft. (Achtung: Unbedingt vorher online reservieren!) (▸ Seite 103)

Sehenswert ist außerdem das **Museu Municipal,** wo wechselnde Ausstellungen die Künstler präsentieren, die mit dem Ort in Verbindung stehen (▸ Seite 103). Im historischen Zentrum von Cadaqués sticht vor allem die festungsartige **Patronatskirche Santa María** aus dem 16./17. Jahrhundert heraus, die über den engen Gassen thront und einen wundervollen, mächtigen Barockaltar besitzt. Ringsum laden allerlei originelle und immer schickere Läden und Lokale zum Bummeln ein.

Wer im Sommer durch Cadaqués kommt, kann am 16. Juli, dem Namenstag der Heiligen Carmen, Schutzpatronin der Fischer, einer Meeres-Prozession und anschließender Sardinenverköstigung beiwohnen. Im August folgen dann die Konzerte des renommierten Internationalen Musikfestivals von Cadaqués.

Das Cap de Creus

Hauptattraktion von Cadaqués ist das etwa 8 Kilometer entfernte Cap an der östlichsten Spitze der Iberischen Halbinsel. Wer für die folgende Etappe nicht den Weg über das Cap wählt, sollte es dennoch möglichst besuchen. Dafür bieten sich neben dem Wanderweg auch Elektro-Taxis und der Cadaqués Express an.

Charakteristisch für die als Naturpark geschützte Cap-Landschaft sind die bizarren Felsformationen. Sie haben sich in mehr als 450 Millionen Jahren durch Faltenbildungen, Erosion und vor allem die Tramuntana herausgebildet, den starken Nordwind, der immer wieder über die Küste fegt. Hier lassen sich nicht nur geologische Epochen ablesen und die verschiedensten Gesteinsarten von Kalkstein und Granit über Schiefer bis zu Feldspat und Quarz entdecken. Hier hat sich auch eine ganz besondere Flora und Fauna angesiedelt mit seltenen Vogelarten wie Habichtsadler, Fahlsegler oder Schlangenadler. Beliebt ist die Gegend auch bei Tauchern, die hier Zackenbarsche, Polypen, Purpurseesterne und Meeraale beobachten können. Mehr darüber lässt sich in den Ausstellungsräumen des **Espai Cap de Creus** neben dem Leuchtturm erfahren. Ansonsten ist das benachbarte **Restaurant Cap de Creus** ein Muss. Der Blick von der Terrasse über die zerklüftete Landschaft ist vor allem bei Sonnenuntergang überwältigend. Im Sommer wird hier auch häufig Live-Musik gespielt.

Cadaqués – El Port de la Selva

12 Mitten im grandiosen geologischen Delirium

Start	Ziel	Länge	Gehzeit
Cadaqués	El Port de la Selva	V1: 12 km V2: 22 km	V1: 4 Std. V2: 7–8 Std.

Diese Etappe gehört eindeutig zu den Highlights: Das Cap de Creus ist ein einzigartiges Stück Katalonien, das nicht zufällig zum Naturpark erklärt wurde. Für seine Durchquerung bieten sich zwei Alternativen an. Die kürzere führt durchs Hinterland mit fantastischen Ausblicken über die Landschaft am Cap und das Meer. Die zweite, sehr viel anspruchsvollere schlägt einen weiten Bogen durch das wilde Gelände am Cap mit der östlichsten Spitze der Iberischen Halbinsel. Um die Strecke zu verkürzen, kann man für die Anfahrt Taxi oder Bimmelbus (Cadaqués Express) nutzen. In jedem Fall lässt sich nachvollziehen, warum die Kaplandschaft (nicht nur) Salvador Dalí in ihren Bann zog.

Bizarr und unwegsam: die Mondlanschaft am Cap de Creus

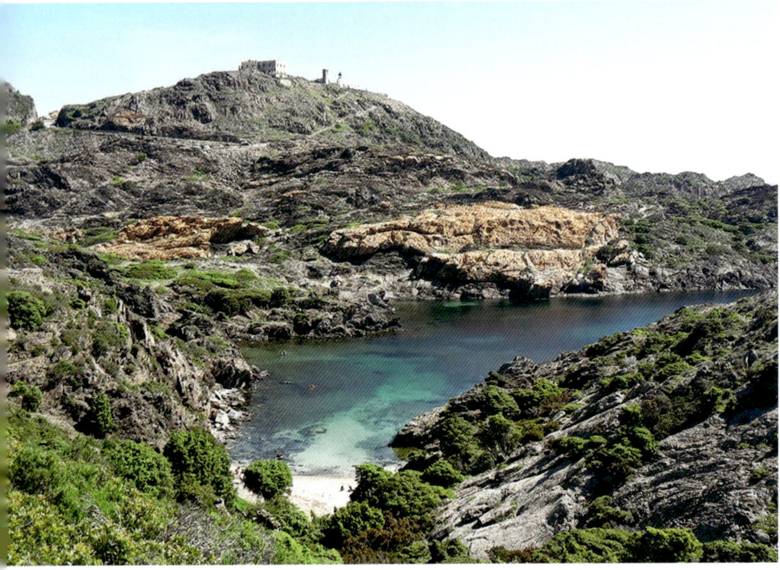

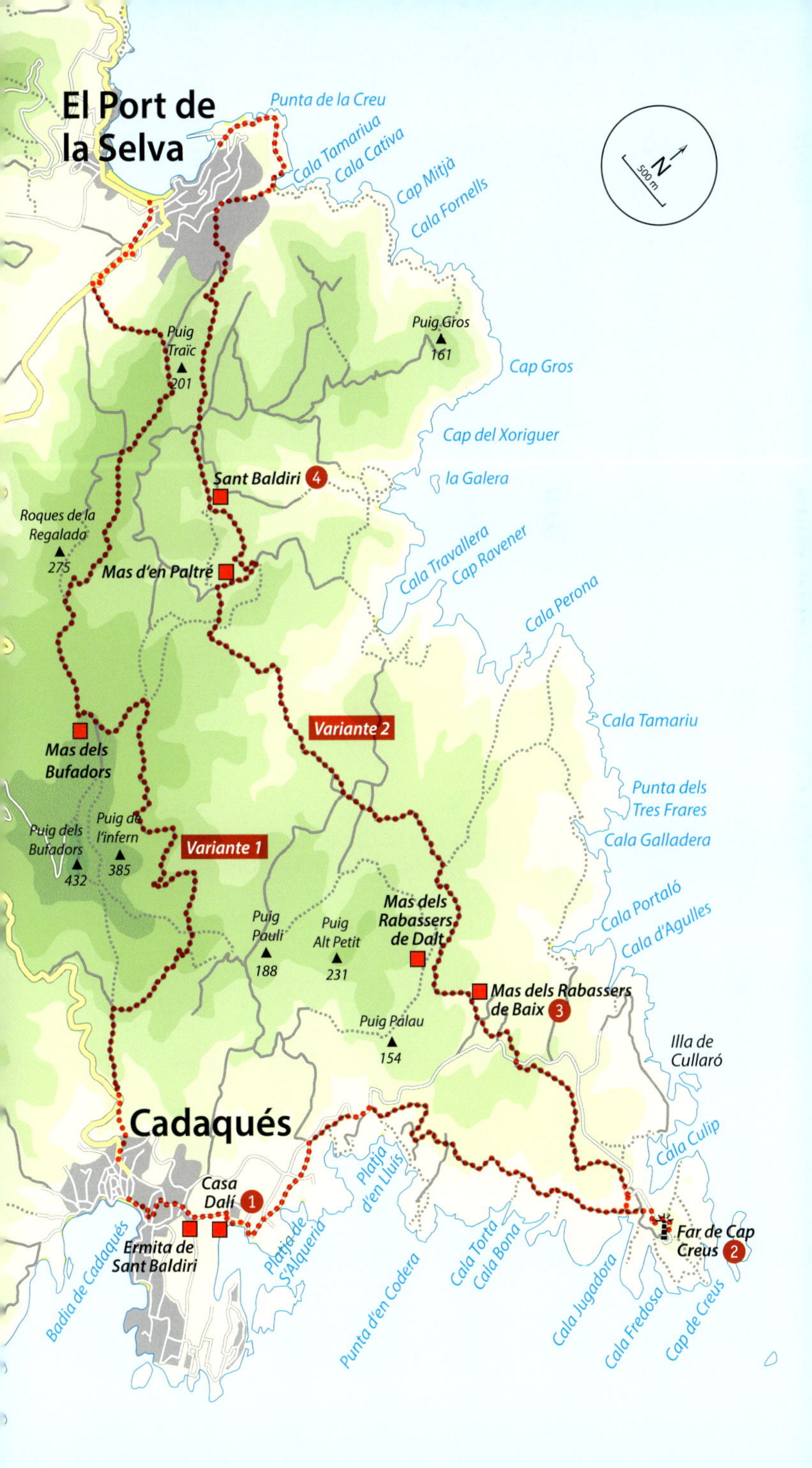
El Port de la Selva
Punta de la Creu
Cala Tamariua
Cala Cativa
Cap Mitjà
Cala Fornells
500 m
N
Puig Gros
161
Cap Gros
Puig Traïc
201
Cap del Xoriguer
Sant Baldiri
4
la Galera
Roques de la Regalada
275
Mas d'en Paltré
Cala Travallera
Cap Ravener
Cala Perona
Variante 2
Cala Tamariu
Mas dels Bufadors
Punta dels Tres Frares
Puig dels Bufadors
432
Puig de l'infern
385
Variante 1
Cala Galladera
Cala Portaló
Cala d'Agulles
Mas dels Rabassers de Dalt
Puig Pauli
188
Puig Alt Petit
231
Mas dels Rabassers de Baix
3
Puig Palau
154
Illa de Cullaró
Cadaqués
Cala Culip
Casa Dalí
1
Platja d'en Lluís
Far de Cap Creus
2
Ermita de Sant Baldiri
Platja de S'Alqueria
Badia de Cadaqués
Punta d'en Codera
Cala Torta
Cala Bona
Cala Jugadora
Cala Fredosa
Cap de Creus

Infos zur Tour

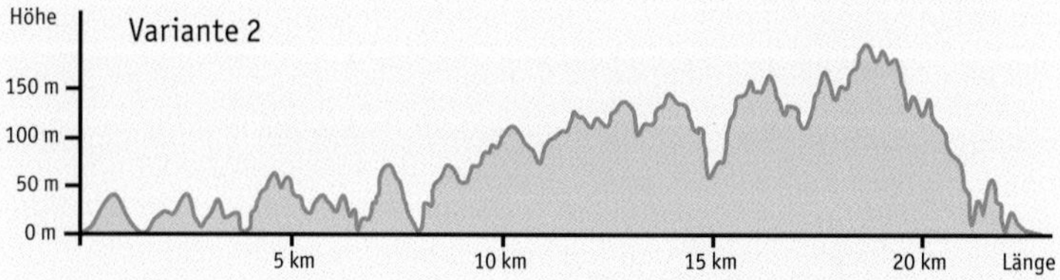

Anfahrt nach Cadaqués

Busverbindungen von und nach Barcelona, Figueres, Roses und andere Orte (Sarfa ▸ Seite 139)
Busbahnhof Cadaqués · Carrer de Sa Tarrongeta 29 · 17488 Cadaqués

Bootsausflüge

Wer die spektakuläre Landschaft vom Wasser aus erkunden will, kann entweder mit der „Barca Gala Dalí", die früher Dalís Muse Gala nutzte, von Portlligat aus zu kleinen Bootstrips starten (beim Dalí-Haus · 617 46 57 57 bzw. 646 24 25 23), mit dem großen alten Segelboot „Sant Isidre" einen Ausflug zum Cap de Creus machen (Hauptstrand · 629 96 02 98 · www.chartersantisidre.com) oder mit den Creuers Cadaqués zum Cap de Creus oder in Richtung Roses starten (Hauptstrand · 972 15 94 62 und 615 63 61 57 · www.creuerscadaques.com).

Cadaqués Express

Wer nicht zu Fuß nach Portlligat oder zum Cap de Creus laufen will, kann mehrmals täglich mit dem als Bimmelbahn gestalteten offenen Bus dorthin fahren (Hauptplatz · 653 82 94 42).

Information Cadaqués

Oficina de Turisme

Cotxe 2a · 17488 Cadaqués ·
972 25 83 15 · www.visitcadaques.org

Streckenverlauf

Variante 1:
Cadaqués – El Port de la Selva
Variante 2:
Cadaqués – Cap de Creus – Mas dels Rabassers de Baix – Sant Baldiri – El Port de la Selva

Streckencharakteristik

Beide Varianten führen im ersten Abschnitt auf z. T. schmalen Pfaden durch spektakuläre Felslandschaft.

Schwierigkeit

Variante 1: mittel, mit einigen Steigungen
Variante 2: schwierig

Für Kinder

Variante 1: Ja, bei entsprechendem Durchhaltevermögen
Variante 2: Nein

Beschilderung
Variante 1: GR 92
Variante 2: GR 11 und GR 92

Baden
Variante 1: El Port de la Selva
Variante 2: Viele Buchten rund um das Cap de Creus, um Port de la Selva

Übernachten El Port de la Selva
Cal Mariner
Carretera de Cadaqués 2 · 17489 El Port de la Selva · 972 38 80 05 · www.cal-mariner.el-port-de-la-selva.top-hotels-costa-brava.com/de · im Winter geschlossen
Dieses zentral gelegene Haus verfügt über eine schöne Dachterrasse und ein gutes Restaurant. (DZ ab 80 €)

Einkehren in El Port de la Selva
Cal Mariner
▸ Übernachten El Port de la Selva
Drinnen und auf der Terrasse wird typisch mediterrane Küche mit allerlei Fischspezialitäten serviert. Neben Paella steht auch die Variante *Arròs negre* auf der Speisekarte, die ihre schwarze Farbe von der Tinte der Calamares erhält. Nur im Sommerhalbjahr 13–15.30 und 20–23 Uhr geöffnet.

Can Pepitu
Carrer del Mar 20 · 17489 El Port de la Selva · 640 72 47 46 · tgl. 12–16 und ab 19.30 Uhr
Salate, Pasta, Fisch, Meeresfrüchte und Tapas munden am besten auf der Terrasse mit Blick auf den Jachthafen und die gegenüberliegenden Berge. Spezialität sind *Mandonguilles amb Sepia*, kleine Hackfleischbällchen in Tintenfischsauce.

Sehenswertes
Monestir de Sant Pere de Rodes
Camí del Monestir · 17489 El Port de la Selva · 972 38 75 59 · www.mhcat.cat · Okt.–Mai 10–17.30, Juni–Sep. Di–So, Fei 10–20, Karfreitag–Ostersonntag 10–19, Ostermontag 10–17.30 Uhr · mit gutem Restaurant
In spektakulärer Lage hoch über dem Ortsteil Selva de Mar gegenüber von El Port de la Selva erhebt sich das romanische Benediktinerkloster, das bis auf das 9. Jahrhundert zurückgeht und in den letzten Jahrzehnten sorgsam restauriert wurde. Herzstück sind die Kirche, der Chor und die Krypta, wo sich einst Reliquien des heiligen Petrus befunden haben sollen. Besonders schön ist der obere Kreuzgang, der sich mit vier Galerien mit Säulengängen über dem unteren Kreuzgang erhebt. Weithin sind außerdem der 27 Meter hohe Wehrturm und der elegante, dreigeschossige Glockenturm mit Rundbogenfenstern.

Selva de Mar
Von El Port de la Selva aus bietet sich ein Spaziergang in den zwei Kilometer entfernten Ortsteil Selva de Mar an, ein verträumtes Dörfchen unterhalb des mächtigen Klosters. Rund um die Plaça liegen auch ein paar nette Lokale wie die Bar „Stop". Oberhalb des Ortskerns produziert die Kellerei „Mas Estela" gute Ökoweine.

km 0–12 Von Cadaqués auf dem GR 92 nach El Port de la Selva Variante 1

Die Etappe beginnt am Kreisverkehr am Ortseingang, wo gegenüber vom Supermarkt Novavenda ein schmaler Pfad relativ steil auf die Muntyanya Negra hinaufführt. Man steigt immer geradeaus zum Sattel hoch, lässt den Sendemast auf dem Puig dels Bufadors links liegen, und nachdem man noch mal einen Blick zurück auf die Bucht von Cadaqués geworfen hat, geht man auf der anderen Seite dem rot-weiß markierten Pfad folgend etwas bergab. Mit fantastischem Blick über die Landschaft des Cap de Creus wandert man am verlassenen Gehöft **Mas dels Bufadors** vorbei, wobei sich der Weg zwischenzeitlich verbreitert und in unzähligen Kehren in Richtung El Port de la Selva führt. Die Abzweige nach **Sant Baldiri,** zum Mas Puignau oder zur **Cala Tamariua** lässt man rechts liegen. Zuletzt geht es links auf einem schmalen Pfad sehr steil bergab zur Landstraße, die nahe vom Campingplatz Port de la Selva rechter Hand in den Ort führt. Geradewegs gelangt man zum Strand. Rechts davon liegen das eigentliche Ortszentrum, der Jachthafen und einige Buchten, die reizvoller als der Hauptstrand sind.

km 0–7 Von Cadaqués zum Cap de Creus Variante 2

Man kann sich diesen zweistündigen Marsch auf dem Küstenwanderweg Camino de Ronda sparen, indem man sich mit dem Taxi (oder Bimmelbus) zum **Cap de Creus** bringen lässt, doch ist die Wanderung sehr

Bergeinsamkeit auf dem Weg nach El Port de la Selva

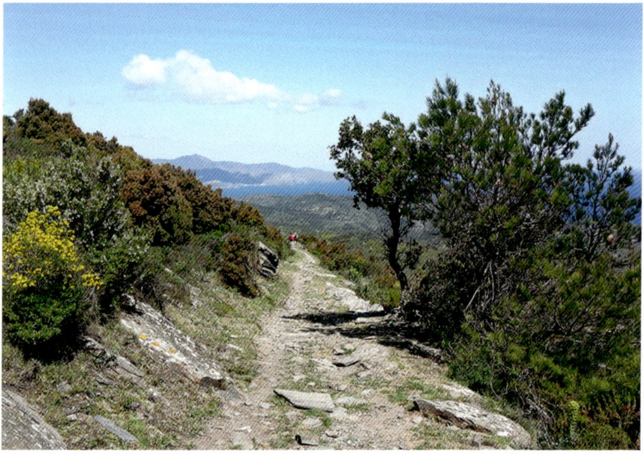

reizvoll. Man läuft zunächst an der **Kapelle Sant Baldiri** vorbei in den Ortsteil Portlligat. Dort passiert man das **Dalí-Haus** ❶ und wandert der Straße folgend, die an der Küste entlangführt, vorbei an der **Platja de S'Alqueria Petita** und kurz danach links den Berg hoch, bis man auf die Landstraße zum Cap de Creus trifft. (Ihr könnte man auch vom Ort aus folgen, was aber weniger angenehm ist.)

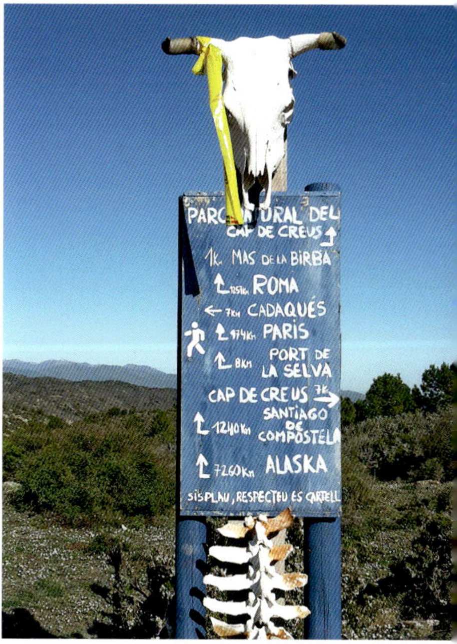

Ob wirklich alle Wege nach Rom führen?

Dort angekommen wendet man sich ein kleines Stück nach links, wo auf der anderen Straßenseite ein schmaler Pfad abzweigt und an Privatgrundstücken entlang wieder auf die Straße führt. Von dort geht es auf der anderen Seite nach einem kurzen Stück wieder rechts dem Hinweis zur **Platja d'en Lluís** folgend auf einen schönen Wanderweg, der mit tollem Blick über die zerklüftete Küste oberhalb mehrerer Buchten (**Platja d'en Lluís, Guillola,** zu denen man jeweils hinuntersteigen kann) zu einem Fahrweg führt. Nach einigem Auf und Ab und mehreren Privatgrundstücken gelangt man wieder auf einen schmalen Pfad, der sich durch mehrere Schluchten mit wildem Buschwerk aus würzig duftendem Rosmarin, Zistrosen und Wacholder zum **Cap de Creus** windet.

Auf dem letzten Abschnitt liegt noch die spektakuläre Bucht **Cala Jugadora,** die in der Saison ebenso wie die benachbarte **Cala Fredosa** beliebtes Ziel von Nudisten sowie Segel- und Motorbooten ist. Zwischenzeitlich erreicht man die Landstraße und läuft an ihr ein Stück entlang, um schließlich auf einer steilen Treppe zum Leuchtturm **Far de Cap Creus** ❷ hinaufzusteigen.

Vom Cap de Creus nach El Port de la Selva

km 7–22

Hat man die Aussicht auf die Küste bis hin zur französischen Grenze genossen – hier könnte man noch eine weitere Runde durch die zerklüftete Cap-Landschaft drehen –, steigt man in Richtung **Cala Jugadora** hinunter, wo der rot-weiß markierte Weitwanderweg GR 11 star-

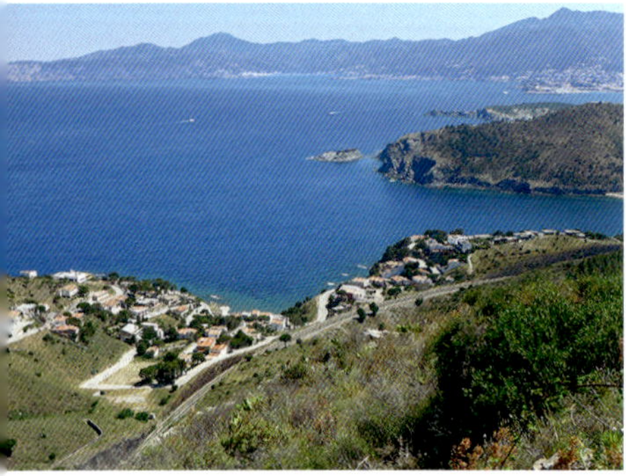

Wo sich eine Bucht an die andere reiht: Cap de Creus

tet. Er verläuft eine ganze Weile neben der Landstraße – die Abzweige zu den schönen, nördlich gelegenen Buchten wie der **Cala Culip** lässt man ebenso rechts liegen wie das aufbereitete Areal des Naturparks – und wandert der Markierung folgend in Richtung **Mas dels Rabassers de Baix** 3.

Vorbei an diesem Gehöft und dem **Mas dels Rabassers de Dalt** geht es nun in stetem Auf und Ab durch die von wilden Schluchten zerfurchte Cap-Landschaft, in der zwischenzeitlich das Meer aus dem Blick gerät und man leicht die Orientierung verliert. Rechts abzweigende Pfade ignoriert man, es sei denn, man nimmt den Umweg zur schönen Bucht **Tavallera** in Kauf. Hin und wieder taucht ein vereinzeltes Gehöft oder eine Ruine auf, ansonsten ist das Gefühl der Einsamkeit hier vollkommen. Schließlich gelangt man auf einem nicht befestigten Fahrweg am Gehöft **Mas d'en Paltré** vorbei zur Ruine der **Kapelle Sant Baldiri** 4 aus dem 10. Jahrhundert, die inzwischen Stück für Stück restauriert wird. Von hier aus geht es in unzähligen Kurven bergab in Richtung El Port de la Selva. Bevor man in den Ort gelangt, erreicht man die schöne Bucht **Cala Tamariua,** die im Sommer zu einem erfrischenden Bad einlädt. Von hier aus führt ein reizvoll gestalteter Weg am Wasser und Jachthafen entlang ins Zentrum.

El Port de la Selva

Auch dieser Ort lebte ursprünglich vom Fischfang und heute noch kann man am Hafen die ausgebreiteten Netze sehen, nachdem das Fanggut an Land gebracht ist. Ringsum reihen sich parallel verlaufende Straßenzüge mit weißen Häusern hintereinander, in denen das eine oder andere Lokal untergekommen ist. In der Hochsaison gesellen sich viele französische Urlauberfamilien zu den Katalanen, die hier in ihren Wochenenddomizilen und auf ihren Booten Erholung suchen. Doch verglichen mit anderen Küstenorten geht es in dem eher traditionellen El Port de la Selva noch recht geruhsam zu.

Hauptattraktion ist das einzigartige Kloster **Sant Pere de Rodes,** das sich auf der anderen Seite der Bucht auf 520 Meter Höhe erhebt und das zu den bedeutendsten romanischen Bauwerken

Spaniens gehört (▸ Seite 111). Im Jahr 878 erstmals urkundlich erwähnt, erlebte das Kloster seine Glanzzeit, als ihm von dem Adligen Tassi und dem Grafen Gausfred von Ampurias große Ländereien geschenkt wurden. Im Mittelalter war es nicht nur wichtiges geistliches Zentrum, sondern durch den intensiven Weinanbau in der Gegend auch wirtschaftlich überaus wohlhabend. Kriege, Epidemien und Piratenüberfälle leiteten später seinen Niedergang ein. 1835 aufgelöst und zunehmend verfallen, wurde es 1930 zum Nationaldenkmal erklärt und inzwischen umfassend restauriert.

Herzstück ist die Kirche aus dem 10. und 11. Jahrhundert mit Chor und Krypta, wo sich einst Reliquien des heiligen Petrus befunden haben sollen. Über dem unteren Kreuzgang mit vier Galerien mit Säulengängen erhebt sich der kunstvoll gestaltete obere Kreuzgang. Ein großartiges Panorama bietet sich vom eleganten, dreigeschossigen Glockenturm mit Rundbogenfenstern, allerdings bedeutet der Aufstieg auf dem GR 11 eine eigene Halbtageswanderung. Immerhin kann man sich oben angekomen im Restaurant des Klosters stärken. Wer noch höher hinaus will, steigt in 20 Minuten auf schmalem Pfad auf den Bergkamm zu den Ruinen des **Castell Sant Salvador de Verdera** empor, das einen fantastischen Ausblick auf die Ebene des Alt Empordà bietet.

Romanische Baukunst in Vollendung: das Kloster Sant Pere de Rodes

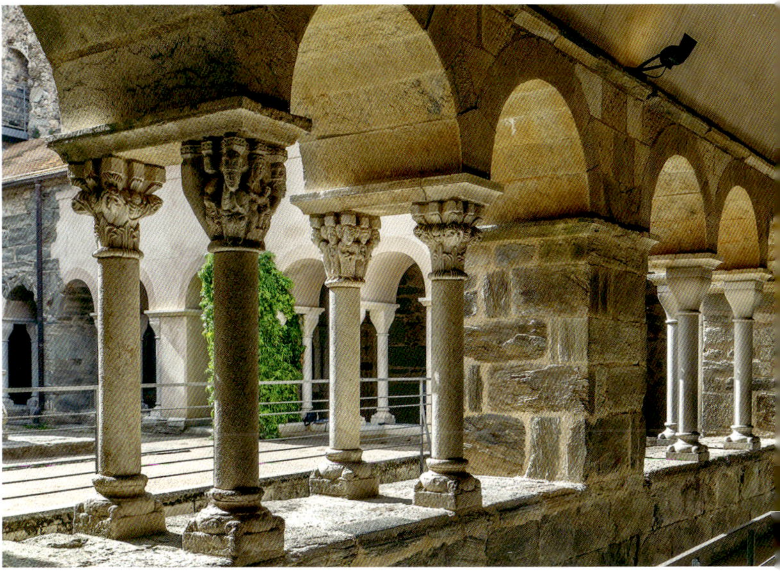

El Port de la Selva – Portbou

13 Auf einsamen Pfaden ans nördliche Ziel

Start	Ziel	Länge	Gehzeit
El Port de la Selva	Portbou	19 km	6,5 Std.

Auf der letzten Etappe wird es karger und einsamer. Um Llançà und Colera herum liegen einige traumhafte Buchten, an denen selbst im Hochsommer nicht allzu viel Betrieb ist. Das Städtchen Portbou, das man nach etlichen Steigungen erreicht, hat schon bessere Zeiten gesehen und verströmt morbiden Charme – ein starker Kontrast zu den Ferienorten der Costa Brava. Hier endete 1940 Walter Benjamins Flucht vor der Gestapo. Das Denkmal, das der israelische Künstler Dani Karavan dem großen deutsch-jüdischen Dichter und Philosophen gesetzt hat, sollte man sich unbedingt ansehen und möglichst auch ein letztes Bad nehmen, bevor man von der wilden Küste Abschied nimmt.

Ein kleiner Bootstrip gefällig? In Llançà kein Problem

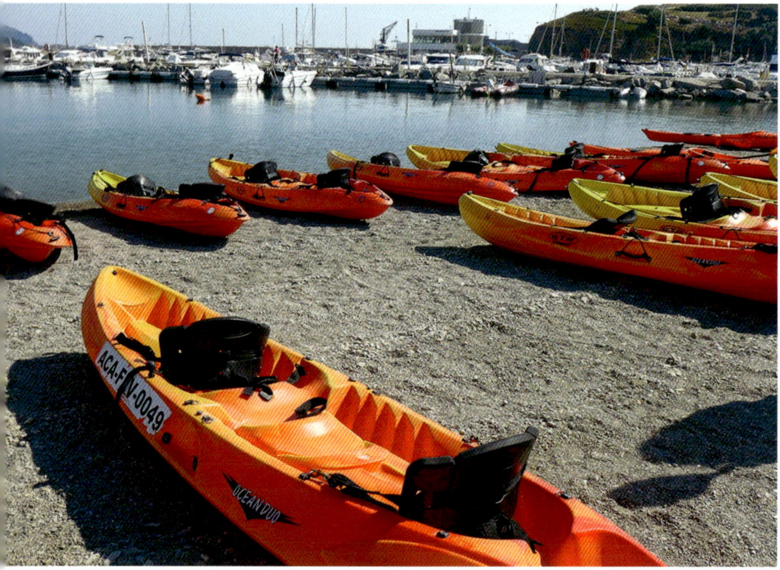

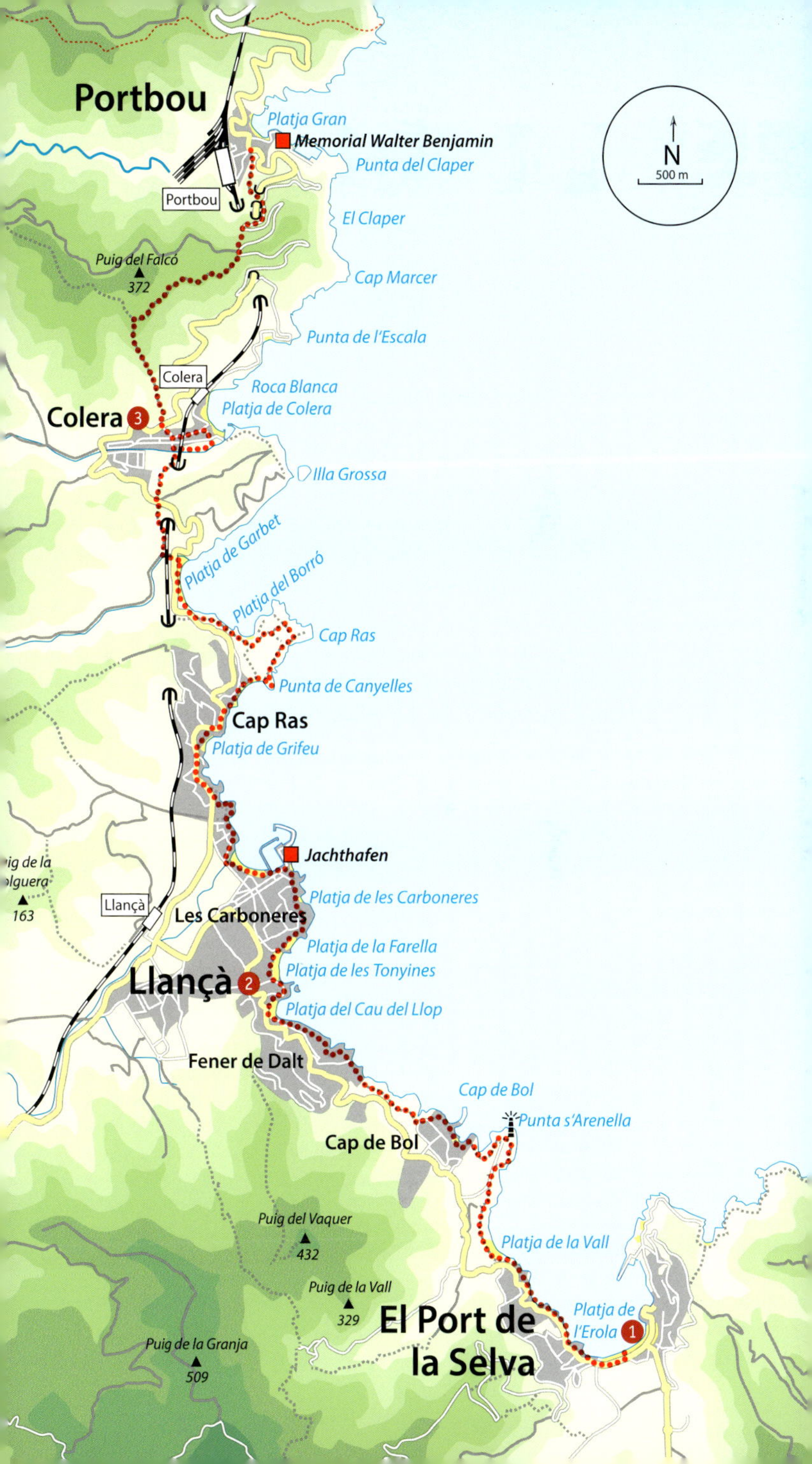

Portbou
Platja Gran
Memorial Walter Benjamin
Punta del Claper
N
500 m
Portbou
El Claper
Puig del Falcó
372
Cap Marcer
Punta de l'Escala
Colera
Roca Blanca
Platja de Colera
Colera
3
Illa Grossa
Platja de Garbet
Platja del Borró
Cap Ras
Punta de Canyelles
Cap Ras
Platja de Grifeu
Jachthafen
Platja de les Carboneres
163
Llançà
Les Carboneres
Platja de la Farella
Platja de les Tonyines
Llançà
2
Platja del Cau del Llop
Fener de Dalt
Cap de Bol
Punta s'Arenella
Cap de Bol
Puig del Vaquer
432
Platja de la Vall
Puig de la Vall
329
Platja de l'Erola
1
El Port de la Selva
Puig de la Granja
509

Infos zur Tour

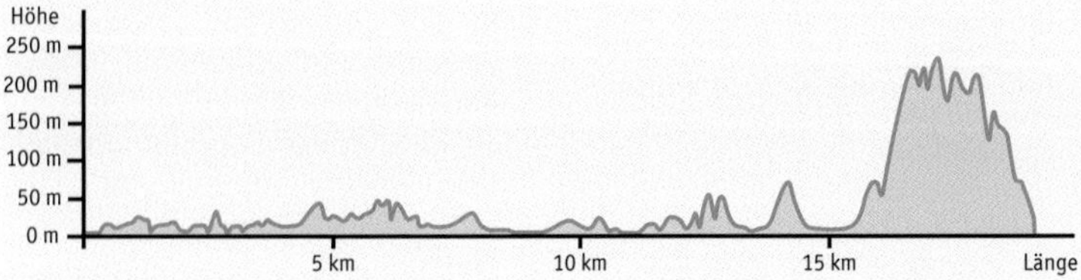

Anfahrt nach El Port de la Selva

Bahn und Bus: Über Llançà. Mit dem Zug vom Aeroport del Prat (Barcelona) via Estació Sants nach Llançà, mehrmals tgl., ca. 2,5 Std., von dort mit dem Bus (Sarfa ▶ Seite 139) nach El Port de la Selva, Haltestelle am Carrer Selva de Mar (hinter dem Hauptstrand), mehrmals tgl., ca. 10 Min.

Information El Port de la Selva

Oficina de Turisme

Carrer Llançà 3 · 17489 El Port de la Selva · 972 38 70 25 · www.elportdelaselva.cat

Anfahrt nach Llançà

Bahn: Der Etappenort Llançà ist gut mit dem Zug zu erreichen von Barcelona, Girona, Portbou oder Figueres. (Renfe ▶ Seite 139)
Bus: Ebenso gibt es Busverbindungen von und nach Barcelona, Figueres, Cadaqués, El Port de la Selva und anderen Orten. (Haltestelle Carrer Port de la Selva · 17490 Llançà)
(Sarfa ▶ Seite 139)

Information Llançà

Oficina de Turisme Llançà

Car. Camprodón 16–18 · 17490 Llançà · 972 38 08 55 · www.visitllanca.cat

Anfahrt/Abreise Portbou

Bahn: Vom Bahnhof fahren regelmäßig Züge von und nach Barcelona, Girona, Figueres und Frankreich. Die Fahrt nach Barcelona dauert je nach Verbindung zwei bis knapp drei Stunden.
Bus: Außerdem fahren auch Busse des Unternehmens Sarfa (▶ Seite 139) in die Nachbarorte Llançà, Port de la Selva und Colera. Die Bushaltestelle befindet sich beim Touristenbüro an der Strandpromenade.

Information Portbou

Oficina de Turisme

Passeig Lluís Companys · 17497 Portbou · 972 12 51 61 · www.portbou.cat

Streckenverlauf

El Port de la Selva – Llançà – Platja de Garbet – Colera – Portbou

Streckencharakteristik

Abwechslungsreiche Wanderung meist auf Küstenpfaden mit einigen Steigungen

Schwierigkeit

Mittel

Für Kinder

Ja, aber nur für ältere, geübte

Beschilderung
GR 92

Baden
Viele Buchten zwischen Llançà und Colera rund um das Cap Ras und um Portbou

Übernachten in Portbou
Hostal Juventus
Avinguda Barcelona 3 · 17497 Portbou · 972 39 02 41 · www.hostaljuventus.com
Das freundliche Hostal ist die einzige, wirklich empfehlenswerte Unterkunft am Ort mit akzeptablem Preis-Leistungs-Verhältnis. Zimmer einfach, aber sauber. Die Bar bietet alles, was man für das leibliche Wohl braucht. (DZ ab 46 €)

Einkehren in Portbou
Pizzeria Juventus
▸ Übernachten in Portbou
Wesentlich besser und preiswerter als die Restaurants mit ihren großen Terrassen am Meer. Neben Pizza gibt es auch gute Tapas sowie allerlei Fleisch- und Fischgerichte.

Einkehren in Llançà
Miramar
Passeig Marítim 7 · 17490 Llançà · 972 38 01 32 · www.restaurantmiramar.com · Mi–Sa 13.30–15.30 und 20.30–22.30, So 13.30–15.30 Uhr
Wer in Llançà pausiert, kann hier so richtig schwelgen. Denn Chefkoch Paco Pérez hat es mit seinen kulinarischen Kreationen zu zwei Michelin-Sternen gebracht. Allerdings kostet der frische, mit Seeigeln, Kaviar und Orange verfeinerte Thunfisch allein um die 50 €.

Pacu Pacu
Passeig Maritim 5 · 17490 Llançà · 972 12 03 92 ·
tgl. 13–15.30 und 20–22.30 Uhr, Di abends und Mi geschlossen
Die preiswertere Alternative zum Sterne-Restaurant ist das unprätentiöse Lokal an der Strandpromenade. Salate, Steaks, Fischgerichte und Tapas.

Sehenswertes
Museu de l'Aquarel-la
Plaça Major · 17490 Llançà · 972 12 14 70 · www.mda.cat · Mo 9–13, Di–Sa 9–13 und 17–20, So 10.30–13 Uhr · Eintritt frei
Der Maler José María Martínez Lozano ließ sich von Licht und Landschaft rund um Llançà inspirieren und schuf über 100 Aquarelle, die er später der Stadt vermachte. Auf dieser Grundlage wurde das Museum eröffnet, das inzwischen auch Aquarelle anderer Künstler zeigt.

Memorial Walter Benjamin
Oberhalb des Orts am südlichen Ortsende beim Friedhof · jederzeit offen zugänglich
Unbedingt sehenswert ist das Denkmal mit dem Namen *Passatges* – zu Deutsch „Passagen" – das der israelische Künstler Dani Karavan geschaffen hat, um an den tragischen Tod des Philosophen Walter Benjamin zu erinnern, der sich in Portbou 1940 auf der Flucht vor den Nazis das Leben nahm. Der rostige Tunnel, der über eine Treppe zum Meer hinunterführt, zieht Menschen aus aller Welt an. Benjamins Grab befindet sich unweit davon auf dem kleinen Friedhof.

km 0–8 Von El Port de la Selva nach Llançà

Dieser Abschnitt ist nicht sehr anspruchsvoll. Nahezu ohne Steigungen führt er fast ausnahmslos an der Küste entlang. Ausgangspunkt ist der Hauptstrand von El Port de la Selva, die **Platja de l'Erola** ❶. Hier zweigt nah am Campingplatz L'Erola der schön angelegte, rot-weiß markierte Camino de Ronda ab. Fast immer in unmittelbarer Nähe zum Wasser führt er meist an Siedlungsgebiet entlang über die **Punta de S'Arenella** mit kleinem Leuchtturm und mehreren Buchten zum schönen Strand **Platja del Cau del Llop,** der in die Buchten **Tonyines, La Farella** und **Carboneres** übergeht. An ihnen entlang gelangt man schließlich zum **Jachthafen** von **Llançà** ❷ und weiter ins Zentrum des Ferienorts.

Llançà

Der moderne Hafenort gehört nicht unbedingt zu den Highlights der Küste. Rund um den Jachthafen mit dem markanten Felsen **El Castellar** prägen eher gesichtslose Apartmentanlagen, Lokale und Hotels das Bild. Immerhin gibt es ringsum sehr schöne Strände und einen – auf den ersten Blick recht unscheinbaren – Gourmettempel, das Miramar, zu dem viele Feinschmecker von weither pilgern. Atmosphärisch wesentlich reizvoller ist der alte Ortskern, der etwa einen Kilometer weiter im Landesinneren liegt und bis auf das Jahr 1000 zurückgeht. Hier haben die alte **Pfarrkirche** und der **Glockenturm** an der Plaça Major inmitten enger Gassen die Zeit überdauert. In unmittelbarer Nachbarschaft kann man dem **Aquarellmuseum** einen Besuch abstatten, das Bilder des Künstlers José María Martínez Lozano zeigt (▸ Seite 119).

km 8–15 Von Llançà nach Colera

Man läuft am Hafen entlang um die Bucht herum und weiter an Siedlungsgebiet vorbei zur schönen **Platja de Grifeu,** die in weitere kleinere Strände und Buchten übergeht. Schöner als der direkte Weg, der dem GR 92 durch den Pinienwald folgt, ist der Küstenpfad Camino de Ronda, der um das felsige **Cap Ras** herumführt, wo sich noch mal tolle Ausblicke auf die raue Steilküste und das türkisblaue, glasklare Meer ergeben. Unterwegs sieht man Reste von Bunkeranlagen aus dem Buschwerk hervorlugen: Vom republikanischen Spanien 1937 zur Verteidigung gegen Angriffe der italienischen Faschisten erbaut, wurden sie später unter Franco noch weiter ausgebaut. Zwischen vorgelagerten Felsinselchen um die **Platja del Borró** nehmen gern Nudisten ein Sonnenbad.

Nach einem kurzen Abschnitt durch schattigen Pinienwald öffnet sich vor einem die weite **Platja de Garbet** mit grobem, grauen Kies und

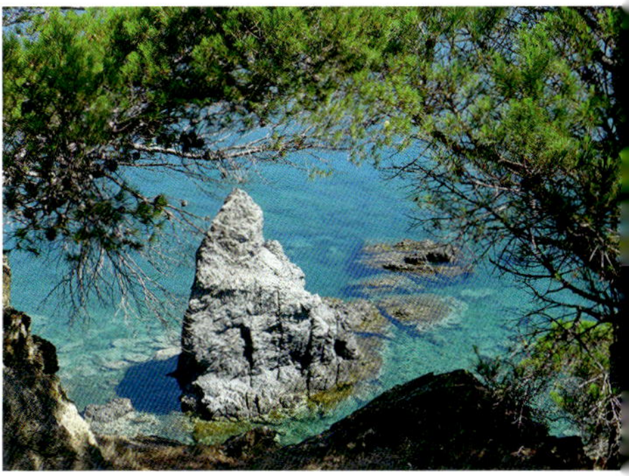

Vorwitziger Felsen an der Platja de Garbet

strahlend blauem Wasser. Bis vor einigen Jahren stand an der unverbauten Bucht eins der besten Restaurants der Gegend, das leider den Bestimmungen des Naturschutzgebiets weichen musste. Insofern muss man sich mit dem Essen oder Trinken bis Colera gedulden. Dazu wandert man hinter den Resten des Lokals durch eine Fußgängerunterführung unter der Landstraße durch und auf der anderen Seite auf den Hügel **Collado de Sant Antoni,** um noch einmal die Landstraße zu queren und unter der riesigen Eisenbahnbrücke hindurch rechts ins Zentrum von **Colera** 3 hinunterzulaufen.

Variante: Wer statt des GR 92 den etwa einstündigen Umweg um die **Illa Grossa** („große Insel") mit einigen spektakulären Abschnitten über die Steilküste nehmen will, wandert von der **Platja de Garbet** aus immer am Wasser entlang. In stetem Auf und Ab geht es an mehreren Buchten vorbei über die Muntanya dels Canons, benannt nach zwei Kanonen aus dem 18. Jahrhundert, die einst zur spanischen Armada gehörten und hier noch zu sehen sind. Dieser Weg endet am Jachthafen von Colera.

Colera

Dieser Küstenort scheint wie aus der Zeit gefallen. Sein Name, der sowohl „Cholera" bedeutet als auch an das lateinische colera für „Zorn" denken lässt, ist ebenso wenig einladend wie die recht schlichte Häuseransammlung rund um die Patronatskirche **Sant Miquel,** die von einer riesigen Eisenbahnbrücke überspannt wird. Aber gerade die Tatsache, dass Colera so etwas wie ein Anti-Touristenort ist, sorgt wiederum für einen gewissen Charme. Immerhin bleibt man hier von aufdringlichen Werbetafeln, Souvenirläden und dergleichen verschont.

Auch am Strand mit kleinem Jachthafen und einer hässlichen Hotelruine geht es meist sehr ruhig zu. Hier kann man sich noch einmal stärken, bevor es auf der letzten Etappe wieder ordentlich die Berge hochgeht (zum Beispiel Hotel La Gambina · Passeig Marítim 5). Wer will, kann sich auch einen der exzellenten Weine aus der **Kellerei Hugas de Batlle** mitnehmen, der aus den Trauben gekeltert wird, die hier ringsum gedeihen. Zum Teil finden hier auch opulente Degustationen statt (Carrer Francesc Rivera 28–30 · 17469 Colera · www.cellerhugasdebatlle.com).

km 15–19

Von Colera nach Portbou

Das letzte Stück sollte man nicht unterschätzen. Es hält noch einige Steigungen bereit, während man durch völlige Bergeinsamkeit wandert. Direkt neben der Kirche geht es über den Carrer Dalt hinauf zur Landstraße N-260, wo auf der anderen Seite rechts der rot-weiß markierte Wanderweg abzweigt und steil den Berg hinaufführt. Auf etwa 200 Meter Höhe läuft man dann unterhalb des **Puig del Falcó** rechts auf schmalem Pfad um den Berg herum – mit fantastischen Ausblicken auf die Küste um Colera. Man spürt bereits, dass man sich hier in einem Grenzland bewegt, das immer wieder von Schmugglern und Flüchtlingen durchquert wurde. Es sind die östlichen Ausläufer des Albera-Gebirges, das heute zu weiten Teilen unter Naturschutz steht.

Nach etlichen Kurven geht es schließlich steil bergab, wobei man bereits die Häuseransammlung mit dem überdimensionierten Bahnhof vor sich sieht, die sich zwischen Schluchten und Felsmassive schmiegt. Das letzte Stück führt über die Tunnel der neuen Autostraße hinweg und auf Treppen ins Zentrum von Portbou hinunter.

Portbou

Ähnlich wie Colera ist auch dieser Ort alles andere als eine Postkartenidylle. Nach dem Wegfall der Grenzkontrollen innerhalb der EU hat er einen gewissen Niedergang erlebt. Viele Gebäude, die sich rund um die mächtige **Patronatskirche Santa Maria** in der Nähe des Bahnhofs scharen, sind verlassen, viele Hotels geschlossen. Mit dem riesenhaften **Bahnhof** inmitten der zerklüfteten Gebirgslandschaft, an dem alle Reisenden früher zwangsläufig umsteigen mussten, weil die Gleise in Frankreich und Spanien unterschiedliche Spurweiten hatten, wirkt Portbou etwas gespenstisch, übt aber dennoch oder gerade deshalb auf viele einen besonderen Reiz aus. Es geht hier wesentlich ruhiger zu als in den besser besuchten Ferienorten im Süden. Den Strand und ei-

Rund um Colera sind die Wege nicht allzu ausgetreten

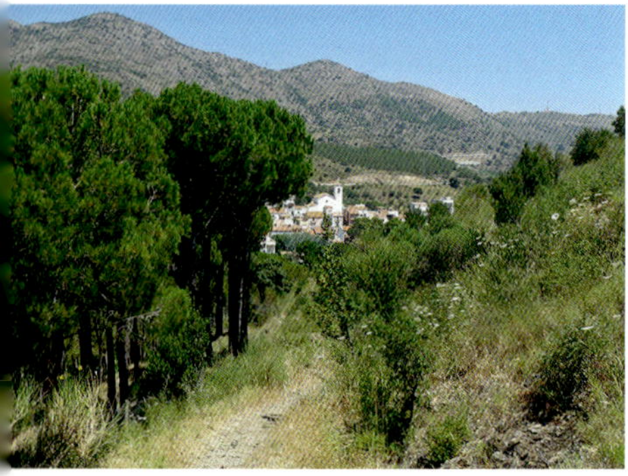

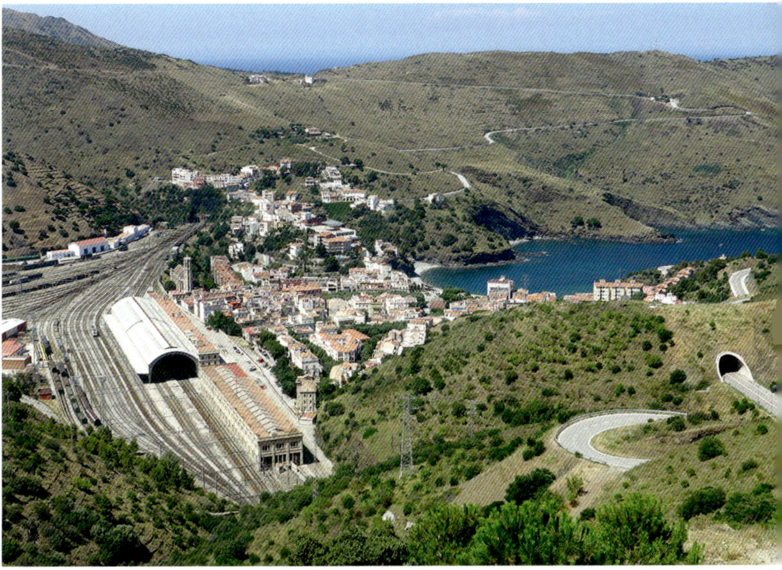

Der überdimensionierte Bahnhof im Grenzort Portbou kündet von vergangenen Zeiten

nige versteckte Buchten jenseits des Zentrums teilt man sich fast ausschließlich mit Einheimischen.

Über der Gegend liegt noch die ferne Erinnerung an die Schicksale zahlreicher Emigranten, die von Frankreich kommend vor den Nazis flüchteten oder aber die Franco-Diktatur in Richtung Norden verlassen wollten. Besonders präsent ist die tragische Geschichte des deutsch-jüdischen Schriftstellers und Philosophen **Walter Benjamin**, der 1940 nach beschwerlicher Wanderung Portbou erreichte und sich hier in der Verzweiflung über seine aussichtslose Lage das Leben nahm. Daran erinnert neben seinem Grab auf dem schönen Friedhof oberhalb des Orts das sehr gelungene **Passagen-Denkmal** in Form eines Tunnels aus rostigem Stahl, in dem eine Treppe geradewegs zum Meer hinunterführt. Vom israelischen Künstler **Dani Karavan** entworfen und 1994 eröffnet, gilt es heute als Ikone moderner Gedenkkultur.

Benjamins Fluchtweg vom französischen Banyuls ist inzwischen übrigens ein viel begangener, allerdings recht beschwerlicher Wanderweg. Doch bevor man den in Angriff nimmt oder in den Zug steigt, sollte man noch ein bisschen am Meer verweilen und die eigentümliche Atmosphäre dieses Grenzorts inmitten der wilden Küsten-Szenerie auf sich wirken lassen.

Land & Leute

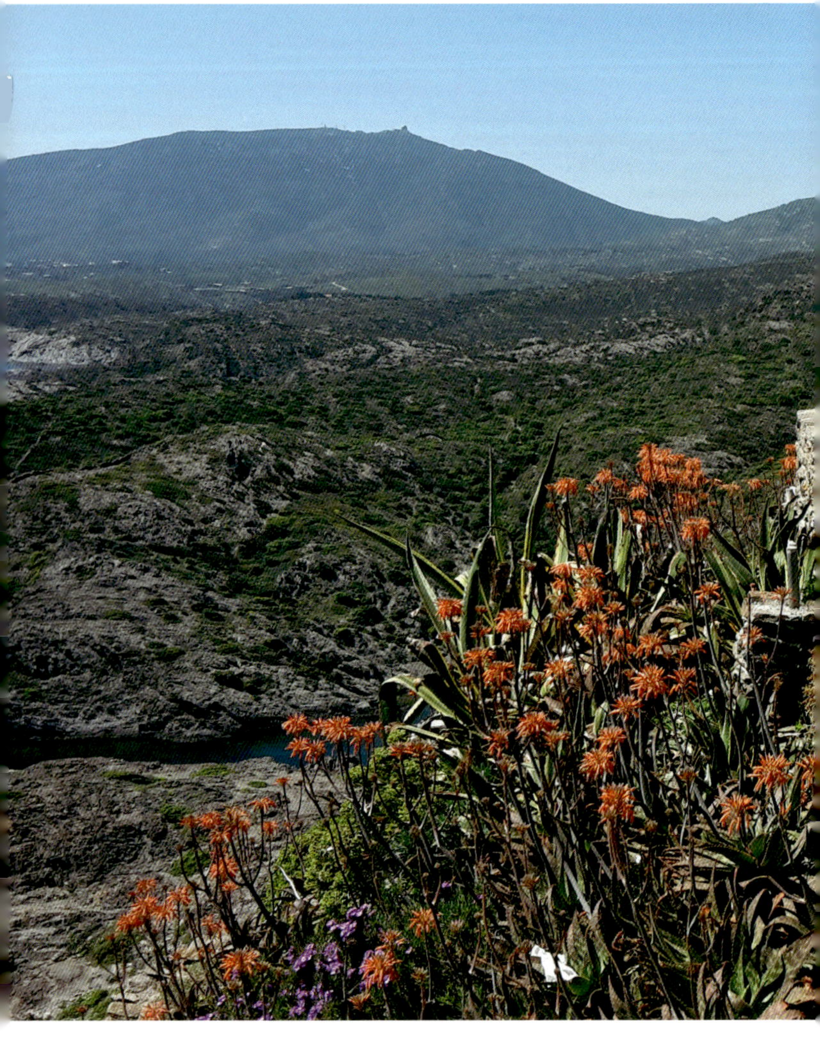

Nicht nur bei Sonnenuntergang beliebt:
die Bar „Cap de Creus“

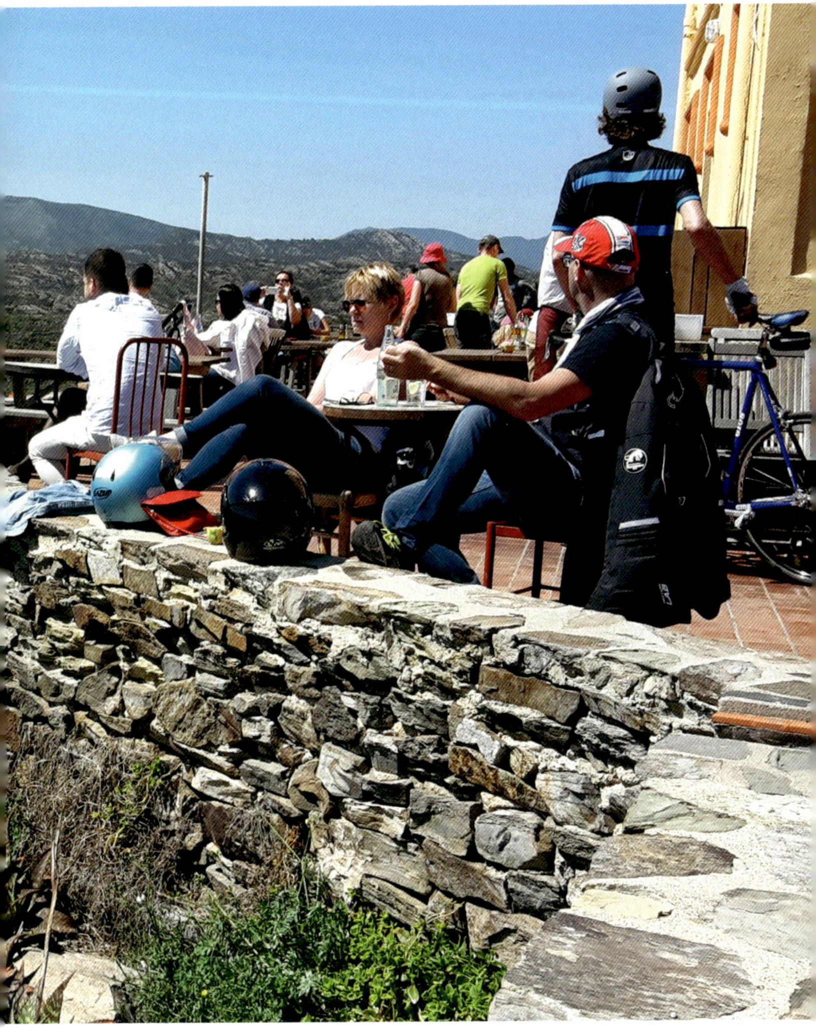

Katalonien & die Costa Brava

„Bon dia" heißt es an der Costa Brava oftmals statt „buenos días" und statt mit „adíos" wird man häufig mit „adéu" verabschiedet – Anzeichen dafür, dass man sich in Katalonien befindet, wo neben Spanisch Katalanisch offizielle Amtssprache ist.

Autonome Gemeinschaft Katalonien

„Catalonia is not Spain" – Sprüche dieser Art kann man gelegentlich an Hauswänden lesen. Sie machen mehr oder weniger dezent darauf aufmerksam, dass sich die Region im Nordosten Spaniens als ein autonomes Land mit eigener Kultur und Sprache versteht, in dem viele von einer unabhängigen Republik träumen. Doch keine Angst: So radikal, wie die Katalanen bisweilen erscheinen mögen, sind sie nicht. Und schon gar nicht, wenn sie es mit ausländischen Besuchern zu tun haben.

Wissen sollte man, dass Katalonien – in der Landessprache Catalunya – eine von siebzehn Autonomen Gemeinschaften Spaniens ist und mit 32 091 Quadratkilometern

Darf nirgendwo fehlen: die Fahne der Unabhängigkeitsbefürworter

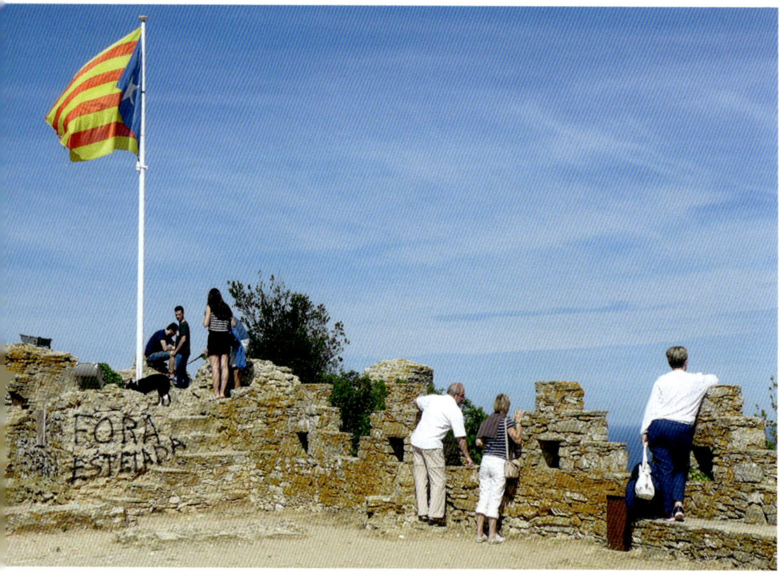

etwa so groß wie Belgien. Mit rund 7,5 Millionen hat das Gebiet mehr Einwohner als Dänemark oder Norwegen und gehört zu den am dichtesten besiedelten und wirtschaftlich stärksten Regionen Spaniens.

Im Norden grenzt Katalonien an Frankreich, im Westen an die Autonome Gemeinschaft Aragonien, im Süden an die Autonome Gemeinschaft Valencia. Charakteristisch sind ganz unterschiedliche Landschaftsformen. Neben der 580 Kilometer langen Mittelmeerküste bilden die Pyrenäen die natürliche Grenze zu Frankreich. Dazwischen gibt es mehrere Mittelgebirge, aber auch ebene Landstriche wie die Zentralkatalanische Senke. Die Hauptstadt der Autonomen Gemeinschaft Kataloniens ist Barcelona. Die Costa Brava liegt in der Provinz Girona mit der gleichnamigen Provinzhauptstadt im Nordosten der Region.

Anders als die spanische besteht die katalanische Flagge – la senyera – aus vier roten Streifen auf gelbem Grund. Katalanischer Nationalfeiertag ist die Diada am 11. September. Dann wird auch die katalanische Nationalhymne Els Segadors angestimmt.

Eine Region mit Geschichte

Als Land mit eigener Identität blickt Katalonien auf eine bereits mehr als 1 000-jährige Geschichte zurück. In prähistorischer Zeit lebten in dem Gebiet Iberer, bevor ab dem 7. Jahrhundert v. Chr. Griechen erste Handelsniederlassungen gründeten. Ihnen folgten im 3. Jahrhundert v. Chr. die Römer, die von hier aus die Iberische Halbinsel eroberten. Anschließend stand das Land jahrhundertelang unter dem Einfluss der Westgoten. Die Besetzung durch die Mauren im 8. Jahrhundert währte nicht lange.

Während der Auseinandersetzungen zwischen dem Frankenreich und den Mauren bildeten sich zu Beginn des 9. Jahrhunderts im Norden Kataloniens mehrere Grafschaften heraus, die Wilfried der Behaarte unter der Vorherrschaft der Grafschaft von Barcelona vereinte. Durch die Vermählung des späteren Grafen von Barcelona, Raimund Berengar IV. mit Petronella, der Thronfolgerin von Aragonien, entstand um 1183 ein unabhängiges Königreich, das sich in den folgenden Jahrhunderten zu einer führenden Macht im Mittelmeerraum entwickelte. Auf diese Zeit gehen auch die noch heute bestehenden demokratischen Institutionen Kataloniens wie der *Consell de Cent* (Rat der Hundert) und der *Corts* (Parlament) sowie der *Generalitat de Catalunya* (Landesregierung) zurück.

Steckbrief: Costa Brava

zu Deutsch: wilde Küste
Länge: ca. 206 Kilometer
Nördlichster Punkt: Portbou an der französischen Grenze
Südlichster Punkt: Blanes
Fünf Landkreise: Alt Empordà, Baix Empordà, Gironès, Pla de l'Estany und La Selva
Hauptstadt: Girona
Einwohner: 96 772 Einwohner
Touristen pro Jahr: Die Provinz, die aber auch einen Teil der Pyrenäen mit einschließt, zählte 2018 7,8 Millionen Touristen und 25,5 Millionen Übernachtungen
Buchten und Strände: ca. 245
Höchste Erhebung: Der Puigpedrós in der Provinz Girona mit 2 914 Metern

Durch die Vereinigung der Königreiche von Aragonien und Kastilien verlor das Land seine Unabhängigkeit. Doch die politischen Institutionen haben – mit einer längeren Unterbrechung in der Franco-Zeit, wo auch die Ausübung der katalanischen Sprache verboten war – bis heute Bestand. Seit der Demokratisierung Spaniens ist Katalonien eine Autonome Gemeinschaft, kämpft allerdings beharrlich um mehr Rechte. Dass den Katalanen diese vorenthalten werden, hat in den letzten Jahren zum Erstarken einer Unabhängigkeitsbewegung geführt, die eine eigene Republik Katalonien anstrebt.

Klippen & Strände

Die rund 206 Kilometer lange Küste, die sich von Portbou/Cerbère an der französischen Grenze, am östlichen Rand der Pyrenäen gelegen, bis nach Blanes nördlich von Barcelona hinunterzieht, besteht zum großen Teil aus Steilklippen, die aber immer wieder von Buchten und Stränden durchbrochen sind. Insgesamt gibt es um die 245 Buchten (*cales*, spanisch *calas*) und Strände (*platges* bzw. *playas*). Besonders lange Sandstrände gibt es am Golf von Roses und am Golf von Pals. Während der nördliche Teil der Küste eher rau, karg und herb wirkt, gibt es im südlichen wesentlich mehr Vegetation, vor allem Pinien, und er wirkt sehr viel lieblicher.

Als der katalanische Journalist Ferran Agulló 1908 in einem Artikel von der „wilden Küste“ berichtete, ahnte er nicht, dass er dem Landstrich damit zu einem Markennamen verhalf, der bis heute Verwendung findet. Damit leitete er die nunmehr über 100-jährige Erfolgsgeschichte der Costa Brava als einer der beliebtesten Tourismusregionen Spaniens ein.

Mythos Costa Brava & Massentourismus

Natürlich setzte der Tourismus-Boom nicht sofort ein. Zunächst konnten nur wenige der unwegsamen Steilküste etwas abgewinnen. Künstler und Poeten auf der Suche nach dem besonderen Licht ließen sich vereinzelt in einigen Orten nieder. Durch sie wurde langsam die Öffentlichkeit auf die Landschaft aufmerksam, es entstanden erste Hotels und Badehäuser, wie sie beispielsweise heute noch am Strand von **Sant Feliu de Guíxols** zu sehen sind (▸ Seite 40).

Eins der bekanntesten Hotels aus jener Zeit ist das legendäre **Hostal de La Gavina** in S'Agaró (▸ Seite 46), in dem sich unter anderen Hollywoodstars wie Ava Gardner, Elizabeth Taylor oder Orson Welles erholten und so nebenbei zum Renommee der Küste beitrugen. Solche erlauchten Gäste läuteten schließlich die Ära des Massentourismus in den 1970er-Jahren ein. Bettenburgen und andere Bausünden waren die Folgen, die der Küste heute zu schaffen machen. So sehr man sich inzwischen bemüht, der Bauwut Einhalt zu gebieten und Natur und Tourismus in Einklang zu bringen – an vielen Stellen konnten weder strenge Naturschutzbestimmungen noch die schwere Wirtschaftskrise, die

In der Nebensaison findet man auch an beliebten Sandstränden ein freies Plätzchen

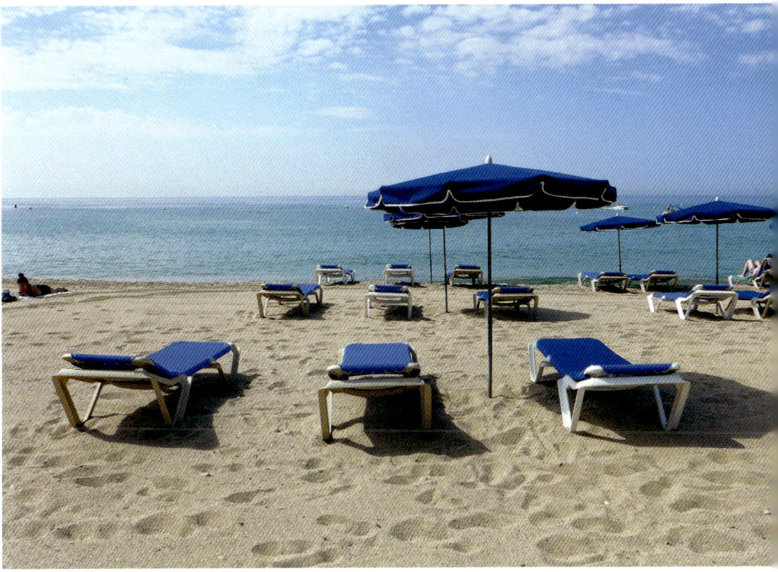

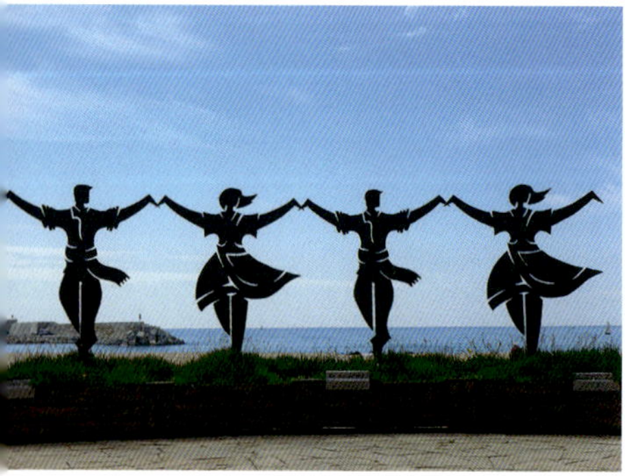

Hommage an den katalanischen Sardana-Tanz

zwischenzeitlich viele Projekte zum Stillstand verdammte, weitere Zerstörungen verhindern. Und immer noch sind etliche Bauvorhaben in Planung.

Unterdessen dürfte sich die Mehrheit der Millionen Besucher, die hier Jahr für Jahr Urlaub machen, über die gute Infrastruktur freuen – und gleichzeitig über die eine oder andere einsame, unverbaute Bucht. Tatsächlich ist es erstaunlich und grenzt fast schon an ein Wunder, dass es trotz der starken Zersiedelung der Küste noch viele Ecken gibt, die verschont geblieben sind – und die vor allem beim Wandern auf dem Weg liegen. Währenddessen bedienen die Küstenorte die verschiedensten Wünsche und Zielgruppen: Hier gibt es die Partyhochburg für feierfreudige Nachtschwärmer, dort den Ferienort für französische Familien, woanders wiederum Orte, die sich speziell für Segler, Surfer, Kulturinteressierte oder ruhebedürftige Romantiker anbieten. An der 200 Kilometer langen Küste scheint für alle genügend Platz zu sein.

Die Provinzhauptstadt Girona

Kaum mehr als 30 Kilometer von der Küste entfernt liegt die sehenswerte Provinzhauptstadt Girona. Mit ihrer mehr als 2000-jährigen Geschichte, monumentalen Bauten, aber auch schönen Geschäften und Lokalen ist sie eine besondere Perle und gehört zu den Städten mit der höchsten Lebensqualität in Spanien. Besonders sehenswert ist das mittelalterliche Zentrum rund um den Onyar-Fluss mit seinen farbigen, „Klein Venedig" genannten Häusern. Darüber erhebt sich die weithin sichtbare, mächtige Kathedrale aus dem 11. bis 13. Jahrhundert mit einer wunderbaren Rosette und einem romanischen Kreuzgang. Im Gewirr der engen Gassen und Treppen sind neben weiteren Kirchen vor allem die aus romanischer Zeit stammenden sogenannten Arabischen Bäder interessant sowie das Judenviertel Call, das im Mittelalter bedeutendes geistiges Zentrum der Sepharden war. Alles das lässt sich auch von der begehbaren Stadtmauer aus römischer Zeit aus betrachten.

Das kulturelle Erbe

Neben zahlreichen Architekturjuwelen, Naturparks und Botanischen Gärten prägen viele lebendige Traditionen die Küste.

Architektonische Highlights aus drei Jahrtausenden

Bedeutend ist die Ausgrabungsstätte der antiken Ruinen von **Empúries.** Um 600 v. Chr. hatten Griechen hier eine Handelsniederlassung gegründet, später errichteten die Römer unmittelbar daneben eine eigene Stadt, deren Villen, Tempelanlagen und Bäder bis heute in Resten erhalten sind (▸ Seite 88). Ungefähr aus der selben Zeit stammen auch die Überreste zweier **Iberischer Dörfer** aus dem 6. Jahrhundert v. Chr., die man zwischen Palamós und Begur findet (▸ Seite 48 und 65).

Außerdem entführen viele Ortskerne ins Mittelalter. Besonders schöne Beispiele sind das vorbildlich restaurierte **Pals** (▸ Seite 70), aber auch **Palau-Sator, Fontclara** oder **Gualta** (▸ Seite 71). Besonders fotogen ist die aufs Mittelalter zurückgehende, befestigte Altstadt von **Tossa de Mar.**

Einen Höhepunkt romanischer Baukunst stellt das Kloster **Sant Pere de Rodes** dar (▸ Seite 114), das sich oberhalb der Bucht von El Port de la Selva auf 520 Meter Höhe erhebt. 878 erstmals urkundlich erwähnt, war das Kloster

Auch ein architektonischer Höhenflug: das Kloster Sant Pere de Rodes

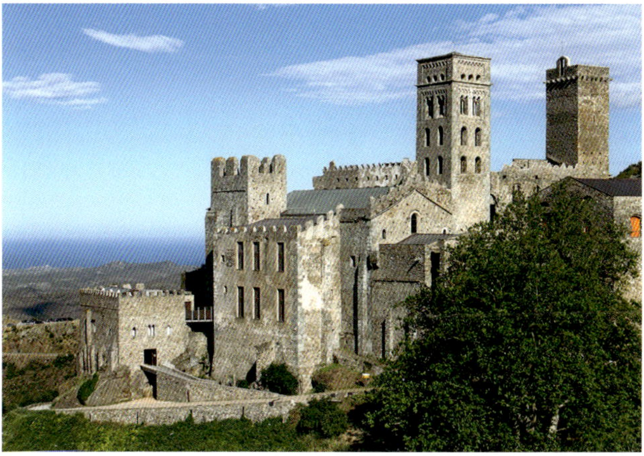

über Jahrhunderte ein wichtiges geistliches Zentrum.

Aus jüngerer Zeit haben sich an der Küste viele schöne Jugendstilbauten erhalten. So z. B in **Sant Feliu de Guíxols**, aber auch in **Tossa de Mar, Lloret de Mar** oder **Cadaqués.**

Naturparks & Botanische Gärten

Gleich drei Naturparks und vier Botanische Gärten verteilen sich über die Küste, die unterschiedlicher kaum sein könnten. Das **Cap de Creus** an der östlichsten Spitze Spaniens, wo die Pyrenäen im Mittelmeer auslaufen – Dalís „grandioses, geologisches Delirium" – ist eine karge, bizarre Felslandschaft, die sich in Millionen von Jahren herausgebildet hat. Mit ihrer spärlichen Vegetation und den dramatischen Gesteinsformationen bildet das Cap genau die richtige Kulisse für Filme wie „Der Leuchtturm am Ende der Welt" nach Jules Verne, der hier 1971 mit Kirk Douglas und Yul Brunner gedreht wurde.

Ganz anders dagegen der **Parc Natural dels Aiguamolls de l'Empordà:** Das Feuchtgebiet an der Mündung von Muga und Fluvià ist eine stille, von Wasserläufen durchzogene Landschaft, in der Störche, Flamingos und viele andere Vogelarten sowie eine ganz eigene Flora zu Hause sind.

Wieder andere Naturräume umfasst der **Parc Natural del Montgrí, les Illes Medes i el Baix Ter** weiter südlich bei L'Estartit: einerseits das Kalksteinmassiv des Montgrí-Gebirges, andererseits die Auenlandschaft um den Ter-Fluss im Landesinneren. Um die der Küste vorgelagerten Medes-Inseln schließlich, einem Archipel aus sieben, zum Teil winzigen, felsigen Eilanden, hat sich eine ganz spezifische Unterwasserflora und -fauna herausgebildet, die man zum Beispiel bei einer Fahrt mit dem Glasbodenboot betrachten kann.

Als wäre dies nicht schon genug an abwechslungsreicher Natur, locken an der Küste auch noch vier Botanische Gärten zum Besuch. Oberhalb von Blanes erstreckt sich das Gelände des **Jardí Botànic Mari murtra** (▸ Seite 20), der 1920 von dem deutschen Kaufmann Karl Faust begründet wurde und über 3000 Pflanzenarten aus allen möglichen Vegetationszonen beherbergt.

In nächster Nachbarschaft blühen im **Jardí Botànic Pinya de Rosa** (▸ Seite 22) um die 7000 Kakteen jedweder Form und Größe. Um 1945 von dem französischen Ingenieur Ferran Rivière de Caralt angelegt, zieht sich der Garten bis zum Meer hinunter und gibt mit seinen stacheligen Gewächsen ein außerordentlich bizarres Bild ab.

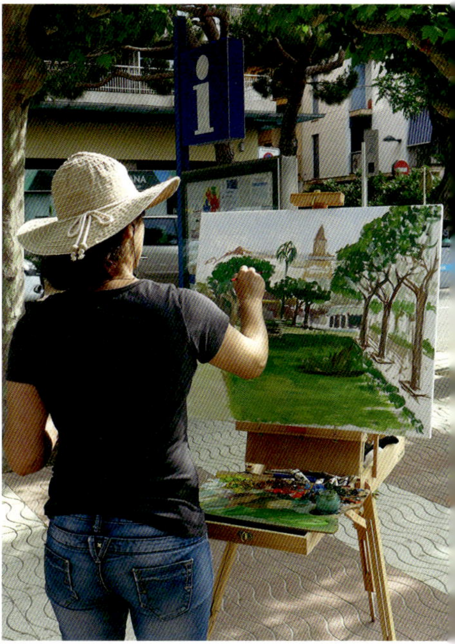

Wenn die Küste zur Inspirationsquelle wird …

Ein Stück weiter hat sich wiederum der 28-jährige Nicolau Rubió i Tuduri zu Beginn des 20. Jahrhunderts seinen Gartentraum nach dem Vorbild italienischer Renaissancegärten verwirklicht. Über das Gelände, das von streng geometrischen Hecken und Zypressenhainen eingefasst wird, verteilen sich Statuen, kleine Teiche, Brunnen und verspielte Rundtempel, die den **Jardins de Santa Clotilde** (▸ Seite 23) einen romantischen Charakter verleihen.

Ganz ähnlich der **Jardí Botànic de Cap Roig** (▸ Seite 56) weiter nördlich bei Calella de Palafrugell, wo sich in den 1920er-Jahren der Exilrusse Oberst Nikolai Voevodsky und seine britische Geliebte einen Park im Renaissancestil angelegt haben, der sich über mehrere Terrassen bis zum Meer hinunterzieht. Architektonische Elemente und verschiedene Terrassen lockern die Anlage auf.

Dalí & Co

Doch nicht nur Gartenliebhaber fanden hier ideale Bedingungen – auch unzählige Künstler und Schriftsteller zog die Costa Brava in ihren Bann. Allen voran Salvador Dalí, der sich jahrzehntelang vom Cap de Creus inspirieren ließ. Doch blieb er keineswegs allein in **Cadaqués** (▸ Seite 106). Bereits vor ihm hatte Pablo Picasso den Weg hierher gefunden und in seinem Gefolge kamen unzählige andere, darunter Federico García Lorca, Paul Éluard, Luis Buñuel, Marcel Duchamp, Max Ernst, Man Ray, René Magritte, Richard Hamilton. Bis heute leben hier viele Künstler und stellen ihre Werke in den Galerien des Orts aus.

Marc Chagall hatte indessen Tossa de Mar zu seinem „blauen Paradies“ erkoren und dort das eine oder andere Werk geschaffen. Und während Schriftsteller wie Josep Pla in Palafrugell über die Küste

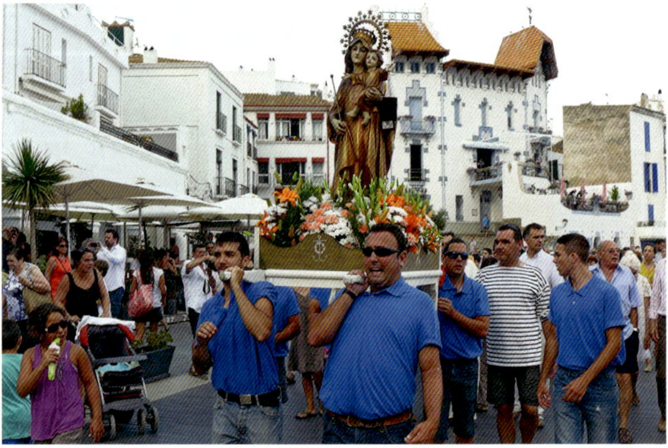

Ist hier allen heilig: Carmen, die Schutzpatronin der Fischer

schrieben, besang der Dichter Josep Vicenç Foix von El Port de la Selva aus ihre Schönheit.

Feierfreudige Katalanen

Auch wenn die Katalanen längst nicht mehr so religiös sind wie in früheren Zeiten – an ihren Festen und anderen Traditionen halten sie fest. So wird beispielsweise in vielen Orten der heiligen Carmen, Schutzpatronin der Fischer gehuldigt, in der Osterwoche mancherorts eine Prozession oder ein Totentanz veranstaltet. Fronleichnam wird mit riesigen Blumenteppichen in den Straßen von Girona begangen.

Außerdem hat fast jeder Ort seine Festa Major, eine Art Dorf- oder Stadtfest, und im Sommer erklingen vielerorts die traditionellen Havaneres-Gesänge, die an die Kuba-Seefahrer erinnern. Eine immer größere Rolle spielen außerdem die Festivals in den Sommermonaten. Vor allem im Juli und August kann man hochkarätige Konzerte, Theater- oder Tanzdarbietungen unter freiem Himmel oder in geschichtsträchtigen Gemäuern besuchen, so zum Beispiel in Cadaqués, Calella de Palafrugell, Sant Feliu de Guíxols, Sant Antoni de Calonge (bei Palamós) und Torroella de Montgrí.

Ein besonders ambitioniertes Programm mit klassischer Musik, Pop, Jazz, Tanz und Oper bietet das hübsche, mittelalterliche Peralada nahe Figueres, wo Schloss und Schlossgarten der Grafen von Peralada sowie ein Kreuzgang des ehemaligen Karmeliterklosters die Kulisse abgeben.

Die wichtigsten Feste & Feiertage

1. Januar
Neujahr

6. Januar
Dreikönigstag

20. Januar
Der Namenstag des heiligen Sebastian wird in einigen Orten wie Cadaqués, Sant Feliu de Guíxols oder Tossa de Mar mit einer Pilgerfahrt begangen.

Februar/März
Karneval wird vor allem in Platja d'Aro gefeiert.

März/April
Karwoche (Semana Santa): Gründonnerstag bis Ostermontag

1. Mai
Tag der Arbeit

24. Juni
Johannistag: In dieser Nacht wird der Sommer mit vielen Feuern und Partys eingeläutet.

1. Juliwochenende
In Calella de Palafrugell werden die traditionellen Havaneres gesungen, die Heimweh-Gesänge der früheren Kuba-Seefahrer.

16. Juli
In einigen Orten wird der heiligen Carmen, Schutzpatronin der Fischer, gehuldigt (z. B. in Palamós und Cadaqués).

24. Juli
Lloret de Mar feiert die heilige Cristina mit einer Regatta, Tanz und Musik.

August
Am letzten Sonntag findet in Tossa de Mar ein großer Malwettbewerb statt.

11. September
Katalanischer Nationalfeiertag (*Diada*) Er erinnert an die Kapitulation Barcelonas am 11. September 1714.

12. Oktober
Spanischer Nationalfeiertag (*Día de la Hispanidad* – Tag der Hispanität)

23. Oktober
Blanes feiert den heiligen Martirià mit Umzügen, einem Sardanas-Tanzwettbewerb und Konzerten.

1. November
Allerheiligen

6. Dezember
Verfassungstag (Volksabstimmung zur Verabschiedung der Verfassung 1978)

8. Dezember
Tag der unbefleckten Empfängnis

2. Dezember-Hälfte
In vielen Orten (z. B. Platja d'Aro) werden Krippenspiele mit Schauspielern (*pessebres vivents*) veranstaltet.

25./26. Dezember
Weihnachten

Die katalanische Küche

Auch auf die Köche scheint der Landstrich inspirierend zu wirken. An der Costa Brava trifft Spitzengastronomie auf hervorragende traditionelle Kochkunst.

Molekular oder Mediterran?

Ausgerechnet in einer unscheinbaren, entlegenen Bucht von Roses hatte jahrzehntelang das Lokal „El Bulli" seinen Sitz, in dem **Ferran Adrià** seine fast schon surrealistisch angehauchte Molekularküche kreierte. Nachdem es jahrelang als weltbestes Restaurant galt, wurde es in dieser Eigenschaft inzwischen vom Drei-Sterne-Restaurant „Celler de Can Roca" in der Provinzhauptstadt Girona abgelöst. Ansonsten kann man in Llançà, wenige Meter vom Strand entfernt, die Zwei-Sterne-Küche von Paco Pérez im „Miramar" genießen.

Aber auch die traditionelle katalanische Küche mundet vorzüglich. Typisch ist, wie für benachbarte Mittelmeerregionen auch, die Verwendung von Olivenöl, Oliven, Gemüse, Salat, Reis, Hülsenfrüchten, Fisch und Meeresfrüchten. Dazu gesellen sich Produkte aus den nahen Gebirgen wie Schinken, Fleisch, darunter viel Wild, und Pilze. Wie anderswo in Spanien isst man hier im Sommer als Vorspeise gern erfrischende *gazpachos* und neben Salat, *amanida*, auch Gemüsegerichte wie *escalivada*, eine Art Salat aus gegrillten Paprikaschoten, Auberginen, Zwiebeln und Tomaten, oder *esqueixada* mit Tomaten, Zwiebeln und Stockfisch.

Die besten Gambas kommen aus Palamós

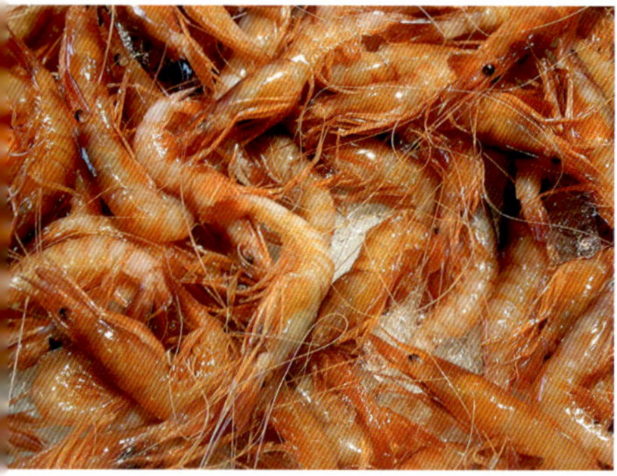

Tomatenbrot & schwarzer Reis

Nicht fehlen darf das *pa amb tomàquet*, das „Tomatenbrot", das so etwas wie ein kulinarisches Identitätsmerkmal der Katalanen ist. Hierfür wird ein frisches oder getoastetes Weißbrot mit einer ausgedrückten Tomate getränkt, mit Salz und Olivenöl gewürzt – ganz nach Geschmack kann das Brot vorher auch mit einer Knoblauchzehe eingerieben werden.

Wird das Pa am tomàquet mit Käse, Wurst, Schinken, Anchovis oder Kartoffel-Omelett, *truita*, belegt, ergibt es ein köstliches Sandwich, katalanisch *entrepà*.

Als Hauptgericht gibt es neben allerlei Gegrilltem oder Gebratenem – oft sorgt Holzkohle, katalanisch *a la brasa*, für den besonderen Geschmack – herzhafte Fleischgerichte, sogenannte *platillos* oder *estofats*. Eins der Standardgerichte der traditionellen Küche ist außerdem *botifarra amb mongetes*, Bratwurst mit weißen Bohnen.

Besonders charakteristisch, für Mitteleuropäer hingegen ungewöhnlich, ist die Kombination von Fleisch und Fisch, wie man sie zum Beispiel in Gerichten wie *pollastre amb llagosta*, Huhn mit Languste, findet, wo obendrein Schokolade für eine besonders sämige Sauce sorgt. Ohnehin ist die Kombination von Süß und Herzhaft beliebt. Ente mit Birnen oder Spinat mit Pinienkernen und Rosinen sind keinesfalls Erfindungen zeitgenössischer Chefs, sondern gehen zum Teil bis aufs Mittelalter zurück.

Natürlich kann man sich auch von originellen Fischgerichten überraschen lassen. Es gibt köstliche Fischeintöpfe, *suquets*, und neben den anderswo üblichen Paellas gibt es Varianten wie *arròs negre*,

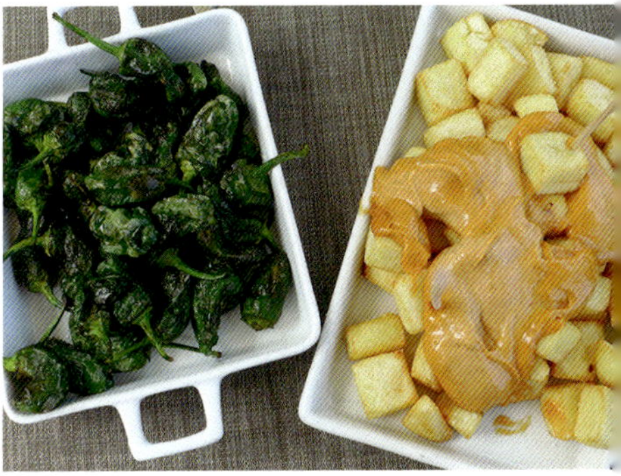

Patates braves und gebratene Paprikaschoten

schwarzen Reis, der seine Farbe aus der Tinte von Calamares bezieht.

All das wird mit einem süßen Dessert abgerundet. Am beliebtesten ist *crema catalana*, eine Vanillecreme, die mit einer Karamellschicht überzogen wird. Doch oft stehen auch Kuchen oder Torten (*tartas*), Eis, Obst oder Milchreis (*arròs amb llet*, spanisch *arroz con leche*) auf der Speisekarte. Danach nehmen die Katalanen gern einen Espresso – *café sol* – oder einen mit etwas Milch versetzten schwarzen Kaffee (*tallat*, spanisch *cortado*).

Übrigens: *Coca* bezeichnet in Katalonien einen Blechkuchen aus Hefeteig, der mit kandierten Früchten, Pudding und/oder Pinienkernen vor allem zu Feiertagen wie dem Johannistag am 24. Juni gegessen wird und die Grundlage für *Cava*, den katalanischen Champagner bildet.

Wissenswertes von A–Z

Diplomatische Vertretungen

Deutsches Generalkonsulat
Torre Mapfre · Carrer Marina 16–18 · 30° · 08005 Barcelona · +34 932 92 10 00 · www.spanien.diplo.de · Mo–Fr 8.30–12 Uhr · Ganztägige Notrufnummer für Deutsche: +34 91 557 90 00

Österreichisches Generalkonsulat
Marià Cubí 7 · 08006 Barcelona · +34 933 68 60 03 · www.botschaft-konsulat.com/at · Mo/Mi/Fr 10–12 Uhr

Schweizer Generalkonsulat
Gran Via Carles III 94 · 08028 Barcelona · +34 934 09 06 50 · www.eda.admin.ch · Mo–Fr 9–12.30 Uhr

Einreise

Schweizer, Deutsche und Österreicher benötigen für die Einreise einen gültigen Personalausweis oder Reisepass. Kinder brauchen ein eigenes Ausweisdokument. Schweizer können ohne Visum bis zu drei Monate im Land bleiben, Besucher aus EU-Ländern unbegrenzt. Für EU-Bürger ist die Ein- und Ausfuhr von Waren zum persönlichen Bedarf unbegrenzt möglich. Für Nicht-EU-Bürger gelten die Zollbestimmungen. (z. B. 1 l Spirituosen, 2 l Wein sowie 200 Zigaretten aus dem Duty-free-Shop oder dem Flugzeug.)

Im Internet

www.katalonien-tourismus.de
Offizielle Seite von Katalonien-Tourismus. Informationen zur Costa Brava und Katalonien, auch Online-Bestellung von Prospekten.

www.costabrava.org
Offizielle Seite des Fremdenverkehrsamts der Costa Brava. Infos zum touristischen Angebot, zu Veranstaltungen und auch speziell zum Wandern auf Deutsch.

www.spain.info/de
Offizielle Seite des Spanischen Fremdenverkehrsamts. Umfangreiche Infos auf Deutsch, auch Online-Bestellung von Prospekten.

Informationen

Katalonien Tourismus
Palmengartenstraße 6 · 60325 Frankfurt/Main · 069 74 22 48 73 · www.katalonien-tourismus.de

Sicherheit & Notfälle

Um Diebstählen vorzubeugen, sollte man möglichst wenig Geld, Schmuck und Dokumente mit sich herumtragen und am Strand seine Sachen nicht unbeaufsichtigt lassen.
Allgemeiner Notruf: 112
Feuerwehr: 080
Polizei: 091 oder 092
Krankenwagen und Arztnotruf: 061
Kreditkarten-Verlust: Sperrnotruf +49 116 116 (tgl. 24 Std. erreichbar, gebührenpflichtig) oder +49 30 40 50 40 50

Spanische Fremdenverkehrsämter

Berlin
Lichtensteinallee 1 · 10787 Berlin · 030 882 65 43 · berlin@tourspain.es

Frankfurt am Main
Myliusstraße 14 · 60323 Frankfurt · 069 72 50 38 · frankfurt@tourspain.es

München
Postfach 15 19 40 · 80051 München · 089 53 07 46 11-12 · munich@tourspain.es

Wien
Walfischgasse 8 · 1010 Wien · +43 1 512 95 80 11 · viena@tourspain.es

Zürich
Seefeldstraße 19 · 8008 Zürich · +41 4 42 53 60 50 · zurich@tourspain.es

Telefonieren

Die Landesvorwahl Spaniens (+34) muss innerhalb des Landes nicht mitgewählt werden, die Ortsvorwahl der Costa Brava 972 allerdings schon. Wer nach Deutschland, Österreich oder in die Schweiz telefonieren will, muss die jeweilige Ländervorwahl (+49, +43 bzw. +41) mitwählen. Für den Fall, dass sich der Akku entlädt, empfiehlt es sich, eine Powerbank dabei zu haben.

Trinkgeld

Im Restaurant ist es üblich, dass man zunächst bezahlt und dann etwas auf dem Teller oder Tisch zurücklässt. Ein kleiner Obolus – bis zu 10 Prozent – gilt als angemessen.

Verkehr

Aeroport Barcelona-Prat de Llobregat
www.barcelona-airport.com
Direkte Busverbindungen zu vielen Orten der Costa Brava (▸ Sarfa). Vom Terminal 2 auch Regionalzüge nach Barcelona und weiter zu einigen Küstenorten (▸ Renfe).

Aeroport Girona-Costa Brava
Sehr viel kleinerer Flughafen, Busse ins Stadtzentrum von Girona und weiter an die Costa Brava, z. T. direkt zu den Küstenorten. Informationen zum Flughafen und Verkehrsverbindungen unter 902 40 47 04 · www.aena.es

Renfe (Eisenbahn)
Einige Küstenorte – Blanes, Llançà, Colera und Portbou – sind mit klimatisierten Nahverkehrs- oder Fernzügen erreichbar, außerdem Girona und Figueres, von denen aus viele Busse zur Küste starten. Zugfahrten sind meist wesentlich preisgünstiger als Busverbindungen. Information unter 902 24 02 02, an der Costa Brava auch 972 20 70 93 · www.renfe.es

Busunternehmen
Drei große Busunternehmen sind an der Costa Brava hauptsächlich unterwegs.
Sarfa: 902 30 20 25 · compras.moventis.es
Teisa: 972 20 48 68 · www.teisa-bus.com
Sagalés: 902 10 30 04 · www.sagales.com
Angaben bei den jeweiligen Orten. Fahrten können auch im Voraus online gebucht werden.

Ein bisschen Spanisch/Katalanisch für unterwegs

An der Costa Brava gibt es wie in ganz Katalonien zwei offizielle Amtssprachen, Katalanisch und Spanisch. Viele Katalanen bevorzugen die katalanische Sprache und wissen es zu schätzen, wenn Besucher zumindest ein paar Grußformeln wie „bon dia“ oder „adéu“ kennen. Aber sie sprechen natürlich genauso gut Spanisch. In touristischen Orten, vor allem Hotels, wird meist auch Englisch gesprochen, zum Teil können die Mitarbeiter auch Deutsch.

Vor den Vokalen ›i‹ und ›e‹ werden ›j‹ und ›g‹ wie das ›j‹ in Journalist, das ›c‹ wie ein scharfes ›s‹ gesprochen. Das ›x‹ zwischen Vokalen, zum Beispiel in aixó, klingt wie ›sch‹, in der Kombination mit einem ›t‹ (gaspatxo) wie ›tsch‹, das ›z‹ wie ›dz‹. Das ›r‹ nach einem Vokal, zum Beispiel in diners, wird nicht ausgesprochen. ›Ll‹ wird wie ›lj‹ gesprochen, ›l.l‹ wie doppeltes ›l‹. Im Folgenden wird zuerst die katalanische, dann die spanische Übersetzung aufgeführt:

Allgemeines

Guten Tag | bon dia/buenos días
Guten Abend | bona tarda/buenas tardes
Gute Nacht | bona nit/buenas noches
Auf Wiedersehen | adéu/adiós
Hallo, wie geht's? | hola, ¿com va?/hola, ¿qué tal?
Bitte | si us plau/por favor
Danke | gràcies/gracias
Entschuldigung | perdoni/perdón
ich heiße … | em dic …/me llamo …
Wo ist …? | ¿on es …?/¿dónde está …?
Wann …? | ¿quan …?/¿cuándo?

Zeitangaben

Montag | dilluns/lunes
Dienstag | dimarts/martes
Mittwoch | dimecres/miércoles
Donnerstag | dijous/jueves
Freitag | divendres/viernes
Samstag | dissabte/sábado
Sonntag | diumenge/domingo
Feiertag | dia festiu/día festivo
heute | avui/hoy
gestern | ahir/ayer
morgen | demà/mañana
morgens | al matí/por la mañana
mittags | al mitgdia/al mediodía
nachmittags | a la tarda/ por la tarde
abends/nachts | a la nit/por la noche

vor | abans/després
nach | antes/después
spät | temprano/tarde

Notfall

Hilfe! | ¡socorro!
Polizei | policia/policía
Arzt | metge/médico
Unfall | accident/accidente
Panne | avería

Unterwegs

rechts | a la dreta/a la derecha
links | a l'esquerra/a la izquierda
geradeaus | tot recte/todo recto
hier/dort | aquí/allà/aquí/allí
Bank | banc/banco
Geschäft | botiga/tienda
geöffnet | obert/abierto
geschlossen | tancat/cerrado
wieviel ...? | ¿quant ?/¿cuánto ?
Weg | camí/camino
Markierung | marca
Wandern | caminar
das Wandern | senderisme

Im Hotel /Restaurant

Einzelzimmer | habitació/habitación individual
Doppelzimmer | habitació/habitación doble
mit (ohne) Bad | amb (sense) bany/ con (sin) baño
Schlüssel | clau/llave
Gepäck | equipatge/equipaje
Preis | preu/precio
Rechnung | compte/cuenta
essen | menjar/comer
trinken | beure/beber
Tisch | taula/mesa
reservieren | reservar
Besteck | cobert/cubierto
Messer | ganivet/cuchillo
Gabel | forquilla/tenedor
Löffel | cullera/cuchara
Teller | plat/plato
Flasche | botella
Glas | got/vaso
zahlen | pagar

Zahlen

0 | zero
1 | un, una/uno, una
2 | dos, dues/dos
3 | tres
4 | quatre/cuatro
5 | cinc/cinco
6 | sis/seis
7 | set/siete
8 | huit/ocho
9 | nou/nueve
10 | deu/diez
50 | cinquanta/ cincuenta
100 | cent/cien
1 000 | mil

Die wichtigsten Sätze

Sprechen Sie Deutsch/Englisch? | ¿Parla alemany/anglés?/ ¿Habla alemán/inglés?
Wie komme ich nach ...? | ¿Com vaig a …?/¿Cómo voy a ?
Wieviel kostet das? | ¿Cuán val això?/ ¿Cuánto vale esto?
Wo gibt es ...? | ¿On hi ha?/ ¿Dónde hay por aquí …?
Ich brauche ... | Necessito … Necesito …
Haben Sie ein freies Zimmer? | ¿Hi ha una habitació lliure?/ ¿Hay una habitación libre?
Können Sie mir helfen? | ¿Pot ajudarme?/ ¿Puede usted ayudarme?

Register

Rücksicht aufs Klima

Reisen verbindet und bereichert – doch wer reist, erzeugt auch CO_2, insbesondere beim Flugverkehr. Am besten entscheidet man sich für eine umweltfreundlichere Reiseform oder unterstützt Projekte wie zum Beispiel „atmosfair". Flugpassagiere spenden einen kilometerabhängigen Beitrag für die individuell verursachten Emissionen und finanzieren damit Projekte in Entwicklungsländern, die dort den Ausstoß von Klimagasen zu verringern helfen (www.atmosfair.de).

Liebe Leserinnen und Leser,
alle Angaben in diesem Wanderführer sind gewissenhaft geprüft. Trotz gründlicher Recherche können sich manchmal Fehler einschleichen. Wir bitten um Verständnis, dass der Verlag dafür keine Haftung übernehmen kann. Über Hinweise, Berichtigungen und Ergänzungsvorschläge freuen wir uns jederzeit!

Verlagsanschrift
via reise verlag
Lehderstraße 16–19
13086 Berlin
post@viareise.de
www.viareise.de

1. Auflage, Berlin 2019

ISBN 978-3-945983-66-9

Text & Recherche
Ulrike Wiebrecht

Redaktion
Nelly Möller

Herstellung & Gestaltung
Annelie Krupicka

Kartografie
Stephan Moskophidis, Annelie Krupicka

Druck
Ruksaldruck, Berlin

FSC www.fsc.org MIX Papier aus verantwortungsvollen Quellen FSC® C104247

Fotonachweis
Ulrike Wiebrecht, außer:
Alberto Gonzales/AdobeStock 96; borisb17/AdobeStock 115; Boris Stroujko/AdobeStock 58; Digoarpi/shutterstock 63; Dzmitrock/shutterstock 5; estivillml/AdobeStock 13; funkyfrogstock/AdobeStock 66; icephotography/Fotolia 4; Inozemtseva_Anna/shutterstock 21; joan bautista/AdobeStock 14; loflo/AdobeStock 131; lunamarina/shutterstock 8; Oscar Ciurana/AdobeStock 73; Peresanz/AdobeStock 11; Purpurink/AdobeStock 56; Ralfik D/AdobeStock 65; S-F/shutterstock 20; Valery Bareta/AdobeStock 25

Foto Umschlag vorn
Wanderweg Cami de Ronda
(L_peresanz/Fotolia)

Foto Umschlagklappe vorn
Bucht nahe Lloret de Mar
(travelpeter/shutterstock)

Foto Umschlag hinten
Fischersiedlung an der Cala s'Alguer
(Ulrike Wiebrecht)

Foto Seite 1
Felsen am Cap Roig
(Ulrike Wiebrecht)